《税收基础》学习指导书

李宇超　张红军　主编

中国商业出版社

图书在版编目（CIP）数据

《税收基础》学习指导书 / 李宇超，张红军主编．
北京 ： 中国商业出版社，2025．6．-- ISBN 978-7-5208-3421-6

Ⅰ．F812.423

中国国家版本馆 CIP 数据核字第 202556SB33 号

责任编辑：管明林

中国商业出版社出版发行

（www.zgsycb.com 100053 北京广安门内报国寺 1 号）

总编室：010-63180647 编辑室：010-83114579

发行部：010-83120835/8286

新华书店经销

北京博海升彩色印刷有限公司印刷

*

787 毫米 × 1092 毫米 16 开 13.5 印张 238 千字

2025 年 6 月第 1 版 2025 年 6 月第 1 次印刷

定价：49.00 元

* * * * *

（如有印装质量问题可更换）

前 言

财政是国家治理的基础和重要支柱，税收是取得财政收入的主要渠道，建立现代财税金融体制，完善现代税收制度，始终是国家矢志不渝的奋斗目标。随着国家经济不断发展、世界经济环境瞬息万变，税收在社会经济中扮演了重要的角色，与人民的物质生活紧密相连。税收已成为当今社会各界关注的重要领域之一。

为培养面向税务机关、企业、税务中介机构及司法部门等相关税务职业的高层次、应用型税务人才，各应用型本科高等院校、高等职业技术学院、中等职业技术学校都设立了与税收有关的专业，财经商贸类专业开设了税收相关专业课程，从而满足社会财经岗位的实际需求。

目前社会各界税务专业人士编写了一系列税收教材（如《税收基础》《中国税制》《纳税实务》《税务会计》《税法》等）作为税收入门的学习资料。为了巩固税收基础知识、强化税收政策的操作与应用，笔者编写了《〈税收基础〉学习指导书》，它是上述税收入门教材的配套参考书，是教材的重要补充。笔者借鉴了当今国内同类教材的经验，在《〈税收基础〉学习指导书》中建立每章的基本知识框架、设计每章的学习目标、提炼每章的知识要点、列举与知识要点匹配的经典例题，同时精心收录、汇总编写了大量典型的习题，旨在帮助学生巩固与储备税收必备知识、强化税收政策的应用。既为教师（备课）授课提供了教学指引，又为学生课后复习提供了必要的参考资料。

本书具有如下特点：

1. 提炼知识要点，明确学习目标。以思维导图串联知识内容，构建完整合理的知识体系，为广大专业学生解读章节重点、难点，并匹配与知识要点相对应的经典例题，进一步强化知识点的应用。

2. 突出重点，夯实基础。练习题紧密围绕各章节重点、难点，通过练习扫清学习障碍，为后续高阶专业学习和税务职业化发展奠定扎实的基础。

3. 紧扣课标要求，渐进式分层分项练习。本书涵盖的练习题紧扣“税收基础”国家级课程标准，以多样化的练习形式检测学习成果、夯实专业基础。

4. 难易梯度全面覆盖，全面适应不同层级、不同基础的专业学生。本书练习题难易程度跨越不同梯度，教师可根据授课对象的基础与能力，对习题进行筛选取舍，有针对性地布置课后练习达到学习目标，使不同层级的专业学习群体通过练习都能得到不同程度的提高。

5. 体现跨学科思维，提升涉税业务综合处理能力。本书精心归纳整理的综合涉税实务案例满足了会计处理与税务处理的双重要求，既体现了本课程知识的横向串联（不同税种的串联），又体现了跨学科的纵向串联。突出税法和会计核算的关联关系和实用价值，拓展学习思路，提升专业学生理实一体化综合应用能力。

《〈税收基础〉学习指导书》由李宇超老师、张红军老师担任主编，由李宇超老师设计全书框架结构并审阅书稿。各章编写分工为第一、第三、第四、第五、第六、第八章由李宇超老师编写，第二、第七章由张红军老师编写。

本书不仅可以作为应用型院校（中职、高职、应用型本科）的复习参考资料，同时也可以作为社会培训机构、企业财税工作人员、机关税务人员、涉税中介机构上岗培训、转岗培训的学习辅助资料。

本书在编写过程中，参考借鉴了大量与本学科有关的著作、教材与练习参考书，在此向其作者表示衷心的感谢。由于笔者水平和时间所限，以及会计法律法规、税收政策制度的不断修订变化，书中疏漏之处在所难免，竭诚欢迎广大读者批评指正，以便在后续再版修订中不断完善。

李宇超　张红军

2025 年 1 月

目录

第一章　税收认知

学情解密

学习指南

本章学习内容均为税收基础知识，是学习后续税收实体法的基础与根本。本章主要介绍税收与税法的关系、税收原则、税收制度要素构成、税种分类、税收制度运行方式，通过本项目税收基础知识的学习，对我国现行税制结构建立初步认识，为后续税收实体法和税收程序法学习奠定基础。

知识框架

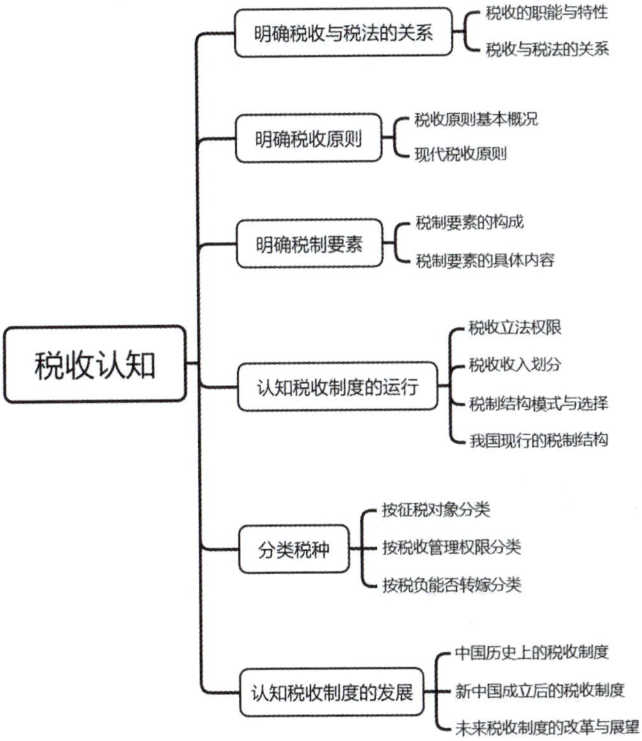

学习目标

◆ 知识目标

1. 根据纳税业务，判断适用的税法原则；
2. 辨认税法基本要素；
3. 区分不同法律级次的税收制度；
4. 根据不同分类标准，识别税收种类。

◆ 情感目标

1. 通过阅读课外税收参考资料，正确认识税收对国家经济发展发挥的重要作用；
2. 积极了解国家现行税收政策变化动态，主动关注税收政策对行业、企业的导向性；
3. 深化依法纳税意识，提升纳税遵从度。

温馨提示

1. 入门阶段初学税法，遇到税法中的专业术语、专有名称，理解存在一定困难，纯属正常现象，应及时消除“畏难情绪”并逐步适应税法学科的语言表述方式。

2. 后续学习“税收实体法”与“税收程序法”相关内容时，应再次回顾本章相关知识，难点问题将得到进一步疏通，并能产生更深层次的体会和理解。

3. 专业教师在教学时应结合授课对象的能力与基础、知识接受程度、计划课时量等相关因素，合理安排教学内容(可选择部分内容纳入教学)，进一步提高教学效率与质量。

知识要点与例题

要点1：税法要素

税法要素包含纳税义务人、征税对象、税率、计税依据、纳税环节、纳税期限、纳税地点、税收优惠。

【例题】

【多选题】下列各项中，属于税法要素的有（　　）。

A. 纳税环节　　B. 税收优惠　　C. 纳税人　　D. 税率

【正确答案】ABCD

【答案解析】税法要素包含纳税义务人、征税对象、税率、计税依据、纳税环节、纳税期限、纳税地点、税收优惠。

【单选题】下列税法要素中，可以作为区别不同税种的重要标志的是（　　）。

A. 纳税环节　　B. 税目　　C. 税率　　D. 征税对象

【正确答案】D

【答案解析】不同的征税对象是区别不同税种的重要标志。

【单选题】我国个人所得税中的综合所得采取的税率形式是（　　）。

A. 比例税率　　B. 超额累进税率　　C. 超率累进税率　　D. 定额税率

【正确答案】B

【答案解析】我国个人所得税中的综合所得采取的税率形式是超额累进税率。

要点 2：征税机关

1. 海关

（1）关税、船舶吨税由海关负责征收和管理。

（2）进口货物的增值税、消费税由海关代征。

2. 税务机关

（1）除由海关征收和委托海关代征的税种外，其他税种由税务机关负责征收和管理。

（2）因出口产品退还增值税、消费税，由税务机关负责办理。

（3）部分非税收入和社会保险费的征收也由税务机关负责。

【例题】

【单选题】下列各项中，不属于税务机关征收的是（　　）。

A. 车辆购置税　　B. 船舶吨税　　C. 烟叶税　　D. 车船税

【正确答案】B

【答案解析】关税、船舶吨税由海关负责征收和管理，进口货物的增值税、消费税由海关代征，其他税种由税务机关负责征收管理。

强化训练

单选题

1. 在下列权利中，作为国家征税依据的是（　　）。

A. 管理权利　　B. 政治权利　　C. 财产权利　　D. 社会权利

2. 下列各项中，不属于税收特征的是（　　）。

A. 自愿性　　B. 固定性　　C. 无偿性　　D. 强制性

3. 下列各项中，不属于税收特征的是（　　）。

A. 强制性　　B. 无偿性　　C. 流动性　　D. 固定性

4. 以下各项中不属于税收作用的是（　　）。

A. 税收是国家组织财政收入的主要工具

B. 税收是国家调节经济行为的杠杆

C. 税收是监督社会经济活动的重要保障

D. 税收是财产所有权或支配权的单向转移

5. 下列关于税收法律关系的陈述，正确的是（　　）。

A. 税收法律关系中享有权利的当事人主要是国家税务机关

B. 税收法律关系的主体是税收法律关系中最实质的东西，也是税法的灵魂

C. 税收法律关系的变化主要取决于税收法律事实

D. 税收法律关系的保护对权利主体双方是不平等的，只保护纳税人的权利

6. 税收制度的三个基本要素不包括（　　）。

A. 纳税人　　B. 征税对象　　C. 税目　　D. 税率

7. 实际负担税款的单位和个人是（　　）。

A. 纳税人　　B. 负税人　　C. 消费者　　D. 扣缴义务人

8. 关于个人所得税，税法规定，以支付所得的单位和个人为（　　）。

A. 纳税人　　B. 扣缴义务人　　C. 负税人　　D. 以上都不是

9. 有义务借助与纳税人的经济交往而向纳税人收取应纳税款并代为缴纳税款的单位是（　　）。

A. 负税人　　B. 代扣代缴义务人

C. 代收代缴义务人　　D. 代征代缴义务人

10. 下列各税法要素中，（　　）是计算税额的尺度，其高低直接关系到国家财政收入和纳税人的负担程度。

A. 征税对象　　B. 税率　　C. 计税依据　　D. 纳税期限

11. 区别不同税种的重要标志是（　　）。

A. 纳税环节　　B. 税目　　C. 税率　　D. 征税对象

12. 反映征税对象具体内容的是（　　）。

A. 税率　　B. 税源　　C. 税目　　D. 税基

13.（　　）是对同一征税对象或同一税目，不论数额大小，只规定一个比例的税率征收。

A. 比例税率　　B. 幅度比例税率　　C. 累进税率　　D. 定额税率

14.（　　）是指同一征税对象，随数量的增大，征收比例也随之增高的税率。

A. 比例税率　　B. 累进税率　　C. 差别比率税率　　D. 幅度比例税率

15. 关于税收实体法构成要素，下列说法错误的是（　　）。

A. 纳税人是税法规定的直接负有纳税义务的单位和个人，也是实际负担税款的单位和个人

B. 征税对象是税法中规定的征纳双方权利义务共同指向的客体或标的物

C. 税率是征税对象的征收比例或征收额度，是衡量税负轻重与否的重要标志

D. 税目反映具体的征税范围，是对课税对象质的界定

16. 按照税法的基本内容和效力的不同，可以将税法分为（　　）。

A. 中央税法与地方税法　　B. 税收实体法与税收程序法

C. 国际税法与国内税法　　D. 税收基本法与税收普通法

17. 增值税属于（　　）税法。

A. 财产、行为税　　B. 资源税　　C. 特定目的税　　D. 商品和劳务税

18. 下列税种中，属于中央政府与地方政府共享收入的是（　　）。

A. 关税　　B. 消费税　　C. 个人所得税　　D. 土地增值税

19. 增值税是中央地方共享税，中央政府与地方政府共享的比例分别是（　　）。

A.80% 与 20%　　B.50% 与 50%　　C.70% 与 30%　　D.65% 与 35%

20. 以商品或劳务的流转额为征税对象征收的税是（　　）。

A. 所得税　　B. 资源税　　C. 货物与劳务税　　D. 财产税

21. 以下属于直接税的是（　　）。

A. 增值税　　B. 消费税　　C. 关税　　D. 房产税

22. 以下属于间接税的是（　　）。

A. 企业所得税　B. 个人所得税　C. 房产税　D. 增值税

23. 从价计征的税种有（　　）。

A. 资源税　B. 城镇土地使用税

C. 消费税税目中的“成品油”项目　D. 消费税税目中的“化妆品”项目

24. 从量计征的税种有（　　）。

A. 增值税　B. 房产税

C. 企业所得税　D. 印花税部分税目

25. 以下属于价外税的税种是（　　）。

A. 增值税　B. 消费税　C. 关税　D. 其他税种

26. 下列税种中，由税务机关负责征收和管理的是（　　）。

A. 环境保护税　B. 船舶吨税

C. 关税　D. 进口环节的增值税

27. 下列税款中，由海关代征的是（　　）。

A. 在境内未设立机构、场所的非居民企业来源于境内的股息所得应缴纳的企业所得税

B. 提供研发服务，但在境内未设有经营机构的企业应缴纳的增值税

C. 进口货物的企业在进口环节应缴纳的增值税

D. 从境外取得所得的居民应缴纳的个人所得税

28. 根据税收法律制度的规定，下列各项中，适用超额累进税率的是（　　）。

A. 车辆购置税　B. 个人所得税　C. 车船税　D. 土地增值税

29. 我国个人所得税中的综合所得采取的税率形式是（　　）。

A. 比例税率　B. 超额累进税率　C. 超率累进税率　D. 定额税率

30. 下列税种中，采用超率累进税率的是（　　）。

A. 个人所得税　B. 房产税　C. 城镇土地使用税　D. 土地增值税

多选题

1. 税收与其他财政收入形式相比，具有（　　）的特征。

A. 偶然性　B. 无偿性　C. 强制性　D. 固定性

2. 下列各项中，属于税收特征的是（　　）。

A. 强制性　B. 无偿性　C. 固定性　D. 政策性

3. 以下各项中属于税收作用的是（　　）。

A. 税收是国家组织财政收入的主要工具

B. 税收是促进产业结构、消费结构的合理配置

C. 税收是监督社会经济活动的重要保障

D. 税收是国家调节经济行为的杠杆

4. 税收制度的三个基本要素是（　　）。

A. 纳税地点　B. 纳税人　C. 征税对象　D. 税率

5. 下列各项中，属于税法要素的有（　　）。

A. 税率　B. 征税对象　C. 纳税人　D. 税收优惠

6. 纳税人一般有（　　）。

A. 自然人　B. 负税人　C. 扣缴义务人　D. 法人

7. 与纳税人有关的概念有（　　）。

A. 征税对象　B. 负税人　C. 税率　D. 扣缴义务人

8. 纳税人与负税人一致的税种有（　　）。

A. 增值税　B. 企业所得税

C. 个人所得税　D. 委托加工应税消费品的消费税

9. 不规定税目的税种有（　　）。

A. 企业所得税　B. 房产税　C. 消费税　D. 个人所得税

10. 计税依据在表现形态上一般有（　　）。

A. 价值形态　B. 数量　C. 价格　D. 物理形态

11. 我国目前采用的税率形式有（　　）。

A. 定额税率　B. 比例税率　C. 全额累进税率　D. 超额累进税率

12. 适用于从价计征税种的税率有（　　）。

A. 比例税率　B. 定额税率　C. 累进税率　D. 单位税额

13. 比例税率可分为（　　）。

A. 定额税率　B. 幅度比例税率　C. 单一比例税率　D. 差别比率税率

14. 累进税率主要有（　　）。

A. 超额累进税率　B. 超率累进税率

C. 定额税率　D. 行业差别比例税率

15. 纳税期限有（　　）。

A. 按月纳税　B. 按期纳税

C. 按次纳税　　D. 按年计征分期预缴

16. 减税免税的主要形式包括（　　）。

A. 税基式减免　　B. 税率式减免　　C. 特定减免　　D. 税额式减免

17. 下列关于税法要素的表述中，正确的有（　　）。

A. 征税对象是区分不同税种的重要标志

B. 税目是征税对象的具体化

C. 纳税人是指法律、行政法规规定负有纳税义务的单位和个人

D. 我国的土地增值税采用全额累进税率

18. 下列关于税法构成要素的说法中，正确的有（　　）。

A. 税法的构成要素既包括实体性的内容，也包括程序性的内容

B. 税法的构成要素是所有完善的单行税法都共同具备的

C. 征税对象、税率、纳税环节、减税免税都属于税法的构成要素

D. 税法构成要素中，附则一般都规定与该法密切相关的内容，比如该法的纳税地点、生效时间等

19. 下列各项中，属于税收法律关系主体的有（　　）。

A. 税务机关　　B. 海关　　C. 纳税人　　D. 扣缴义务人

20. 下列各项中，属于我国税收法律关系权利主体的有（　　）。

A. 各级税务机关　　B. 各级人民政府　　C. 海关　　D. 财政机关

21. 征税主体是代表国家行使征税职责的（　　）。

A. 国家税务总局　　B. 海关　　C. 财政机关　　D. 市场监管机关

22. 下列税种中，由海关负责征收和管理的有（　　）。

A. 契税　　B. 社会保险费　　C. 船舶吨税　　D. 关税

23. 我国现行税收的种类有（　　）。

A. 货物与劳务税类　　B. 所得税类　　C. 财产行为税类　　D. 特定目的税类

24. 货物与劳务税类包括（　　）。

A. 增值税　　B. 消费税　　C. 城市维护建设税　　D. 行为目的税

25. 所得税包括（　　）。

A. 房产税　　B. 企业所得税　　C. 个人所得税　　D. 关税

26. 财产行为税包括（　　）。

A. 印花税　　B. 车船使用税　　C. 房产税　　D. 契税

27. 特定目的税包括（　　）。

A. 车辆购置税　B. 城镇土地使用税　C. 城市维护建设税　D. 耕地占用税

28. 下列属于资源税和环境保护税类的税种有（　　）。

A. 耕地占用税　B. 房产税

C. 环境保护税　D. 城镇土地使用税

29. 按税收管理与使用权限分类有（　　）。

A. 中央税　B. 地方税

C. 国家税　D. 中央地方共享税

30. 中央税包括（　　）。

A. 消费税　B. 车辆购置税

C. 关税　D. 海关代征的增值税

31. 地方税包括（　　）。

A. 车船税　B. 耕地占用税

C. 土地增值税　D. 海关代征的增值税和消费税

32. 下列属于地方政府收入的税种有（　　）。

A. 企业所得税　B. 契税　C. 车辆购置税　D. 烟叶税

33. 中央地方共享税包括（　　）。

A. 增值税　B. 消费税　C. 企业所得税　D. 个人所得税

34. 按税收能否转嫁分类可分为（　　）。

A. 所得税　B. 直接税　C. 间接税　D. 资源税

35. 以下各项中属于从量税的有（　　）。

A. 资源税　B. 城镇土地使用税　C. 消费税部分税目　D. 车船税

36. 以下各项中属于从价税的有（　　）。

A. 增值税　B. 消费税部分税目　C. 城镇土地使用税　D. 企业所得税

37. 以下各项中属于价内税的有（　　）。

A. 增值税　B. 企业所得税　C. 消费税　D. 关税

判断题

1. 我国的财政收入绝大部分来自税收收入。

2. 税收伴随着国家的产生而产生，国家为了实现其职能，向纳税人征收实物以取得物质财富。

3. 从本质上看，税收反映的是国家与纳税人之间的一种分配关系。

4. 无偿性是指国家征税时，不需要对纳税人支付任何报酬，也不以任何形式归还给纳税人。

5. 税收的无偿性是国家财政支出的无偿性决定的。

6. 强制性是指国家依据法律征税，纳税人必须依法纳税，否则就要受到法律的制裁。

7. 税收的强制性只要求纳税人（包括单位和个人）必须依法纳税。

8. 税收的固定性强调了征税机关只能按预定标准征收，而不能无限度地征收。

9. 税收的固定性也强调了纳税人取得了应税收入或发生了应税行为，必须按预定标准如数缴纳。

10. 税收的固定性是征税标准确定后永远不能改变。

11. 税收的“三性”中，强制性是税收的核心特征。

12. 税收的强制性是税收的无偿性和固定性得以实现的保障。

13. 税收的三个特征相互依赖，缺一不可。

14. 税收“三性”是区别税与非税的重要依据。

15. 纳税人也称“纳税主体”。

16. 扣缴义务人是税法规定的，在其经营活动中负有代扣税款、代收税款并向国库缴纳义务的单位和个人。

17. 个人所得税以支付所得的单位和个人为扣缴义务人。

18. 征税对象又称课税对象。

19. 每一个税种的征税对象都是相同的。

20. 征税对象是一种税区别于另一种税的主要标志。

21. 税目是征税对象的具体化，反映具体的征税范围，代表征税的广度。

22. 所有的税种都规定税目。

23. 计税依据又称税基，是指税法中规定的据以计算各种应征税款的依据或标准。

24. 税率是应纳税额与征税对象之间的比例，是计算税额的尺度，代表征税的广度。

25. 税率是区别不同税种的重要标志。

26. 比例税率适用于从量计征的税种。

27. 比例税率和累进税率适用于从价计征的税种。

28. 纳税期限是纳税人发生纳税义务后向国家缴纳税款的法定期限，它是税收的无偿性在时间上的体现。

29. 征税主体是代表国家行使征税职责的国家各级税务机关、海关和财政机关。

30. 个人所得税纳税人不能将税负转嫁给他人。

31. 增值税纳税人不能将税负转嫁给他人负担。

32. 如果税法规定某一税种的起征点是 800 元，那么超过起征点的，只对超过 800 元的部分征税。

33. 税收法律关系的内容是指税收法律关系主体双方的权利和义务所共同指向的对象。

案例分析题

【资料】税收作为国家财政的重要支柱和经济社会发展的关键因素，再次成为人大代表热议的焦点。某人大代表提出通过将个税起征点提至 1 万元等措施，增加普通收入人群的实际收益，提升居民可支配收入预期，提振消费信心。某人大代表还建议逐步规范“双高”人群税收管理。对于创投行业等特定行业的税收管理问题，确实需要进一步加强调研和了解实际情况，避免“一刀切”的做法对行业健康发展产生不利影响。在制定相关政策时，应充分考虑到不同行业和地区的差异性，制定出更加精准、有效的政策措施。

【要求 1】根据税收作用等相关知识，分析税收对人民生活、社会经济发展的主要影响。

【要求 2】尝试分析提升个人所得税免征额对个人收入、消费、投资、出口的影响。

【要求 3】请判断当前“双高”群体征收个人所得税适用的法律法规是否需要进一步完善。请举例说明并阐述理由。

【要求 4】针对个体工商户、个人独资企业、合伙企业等非法人企业所处不同行业不同地区取得的生产经营所得依法缴纳个人所得税，涉税业务处理既存在共性又存在差异，是否应差别对待？请举例说明并阐述理由。

第二章　增值税认知

学情解密

学习指南

2016 年 5 月 1 日"营改增"全面推进后，增值税成为税收实体法体系中"独占鳌头"的税种，在税法中地位愈加重要。本章主要介绍增值税的纳税义务人、税目、税率、计税依据、税额以及征收管理要求。通过本章的学习，全面了解增值税具体征税规定，运用增值税税收政策对增值税涉税业务进行税务处理。增值税法的学习应重点关注征税范围、纳税人、税目、税率等税法要素，并结合具体涉税业务计算应纳增值税税额。同时应重视增值税与消费税等其他税种的关联关系，提升跨税种综合税务处理能力。

知识框架

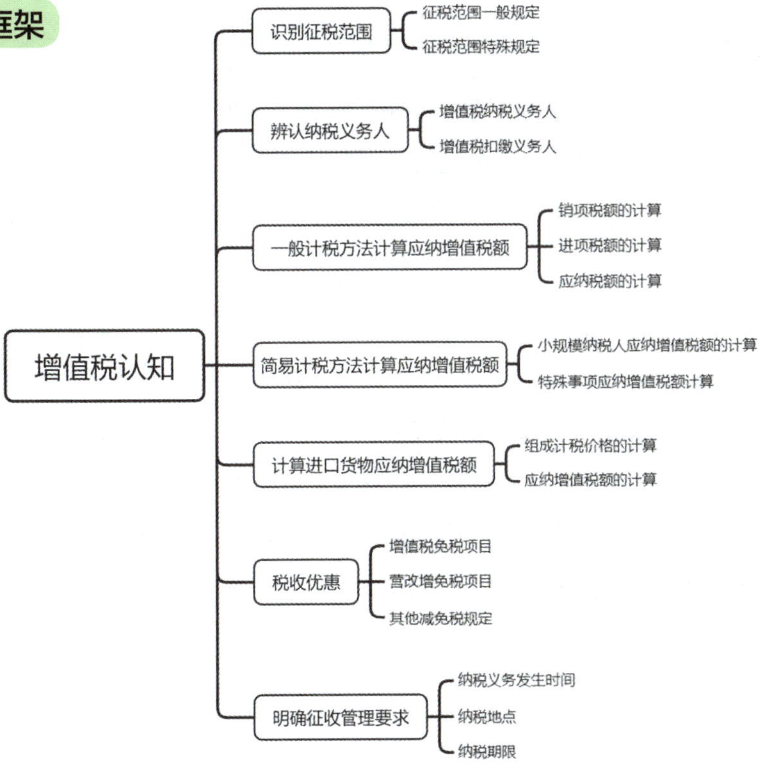

学习目标

◆ 知识目标

1. 识别增值税的征税范围并辨认不同类型的视同销售行为；

2. 辨认增值税纳税义务人；

3. 根据涉税业务，选择适用的税率与征收率；

4. 辨别准予抵扣和不得抵扣进项税额；

5. 分辨法定免税项目、特定减免税项目；

6. 确认增值税纳税义务发生时间、纳税期限与纳税地点。

◆ 技能目标

1. 计算一般销售方式、特殊销售方式、差额计税模式下的销售额；

2. 计算一般计税方法下的销项税额、进项税额及应纳税额；

3. 计算简易征税方法下小规模纳税人应纳增值税税额；

4. 计算进口环节应纳增值税税额。

◆ 情感目标

1. 正确认识增值税，树立家国情怀，领悟减税降费利企惠民的政策红利；

2. 积极关注增值税改革动态，领会其对经济发展、企业和个人的利企惠民调节作用。

温馨提示

1. 判定增值税征税范围时，应重点区分视同销售行为、混合销售行为、兼营行为，建议通过大量举例、经典例题进行强化操练。

2. 确定计税依据是计算应纳增值税税额的基础，针对不同类别的增值税涉税业务（“一般业务”“特殊业务”）应准确确定计税依据。

3. 进项税额正确处理的前提是判断“进项税额准予抵扣”与“进项税额不得抵扣”，建议从“增值税原理”角度出发，分析确定“准予抵扣”与“不得抵扣”的具体情形。

4. 学生在掌握增值税基本税务处理前提下，应梳理增值税与其他税种的关联关系，根据同一涉税业务判断不同税种并计算应纳税额，提升综合税务处理能力。

5. “增值税”与“消费税”同为货物与劳务税，涉税业务处理时，应关注两税种的计税依据、计税方法等共性与差异。

知识要点与例题

要点 1：税法要素

在中华人民共和国境内生产、销售应税货物、提供应税劳务、销售无形资产或不动产、进口货物等行为，都属于增值税的征税范围，应按规定缴纳增值税。增值税的征税范围除了上述一般规定以外，还对经济实务中某些特殊行为或特殊项目是否属于增值税的征税范围，做出了具体规定：视同销售行为、混合销售行为、兼营行为、不征收增值税项目。

【例题】

【单选题】下列服务属于增值税现代服务征收范围的有（　　）。

A. 信息技术服务　　B. 居民日常服务　　C. 餐饮住宿服务　　D. 教育医疗服务

【正确答案】A

【答案解析】信息技术服务属于现代服务。

要点 2：增值税征税范围——视同销售

视同销售行为	纳税义务发生时间
1. 将货物交付其他单位或者个人代销	收到代销清单、收到全部或部分货款、发出代销商品满 180 天当天三者中较早一方
2. 销售代销货物	销售代销商品时
3. 设有两个以上机构并实行统一核算的纳税人，将货物从一个机构移送其他机构用于销售，但相关机构设在同一县（市）的除外	货物移送当天
4. 将自产、委托加工的货物用于非增值税应税项目	货物移送当天
5. 将自产、委托加工的货物用于集体福利或者个人消费（含交际应酬消费）	
6. 将自产、委托加工或购进的货物作为投资，提供给其他单位或者个体工商户	
7. 将自产、委托加工或购进的货物分配给股东或者投资者	
8. 将自产、委托加工或购进的货物无偿赠送其他单位或者个人	

（续表）

视同销售行为	纳税义务发生时间
9. 单位或者个体的下列情形视同销售服务、无形资产或者不动产： （1）单位或者个体工商户向其他单位或者个人无偿提供服务，但用于公益事业或者以社会公众为对象的除外； （2）单位或者个人向其他单位或者个人无偿转让无形资产或者不动产，但用于公益事业或者以社会公众为对象的除外； （3）财政部和国家税务总局规定的其他情形	

提示：①上述个人包含个体工商户、其他个人（自然人）；②增值税的视同销售≠企业所得税的视同销售。

【例题】

【判断题】上海宜嘉公司将房屋与甲公司土地交换为视同销售。

【正确答案】对

【答案解析】资产交换应视同销售处理。

要点 3：混合销售行为、兼营行为

特殊行为	界定标准	税务处理
混合销售行为	①一项销售行为既涉及服务又涉及货物； ②两者具有直接紧密的连带从属关系	①以从事货物生产、批零为主的纳税人：销售货物按照 13% 或 9% 的税率计税； ②其他单位和个体工商户按照销售服务 9% 或 6%
兼营行为	①多项行为涉及不同税率或征收率的应税行为； ②两者不具有直接紧密的连带从属关系	①分别核算适用不同税率或者征收率的销售额； ②未分别核算销售额的，从高适用税率或者征收率

【例题】

【多选题】根据现行增值税法规的规定，下列项目属于兼营行为的有（　　）。

A. 上海某药店销售药品，同时对外提供医疗服务

B. 上海某大酒店提供住宿服务，同时也提供会议展览服务

C. 照相馆为客户提供照相服务，同时向该客户销售相框

D. 纳税人销售林木并为客户提供后续的林木管护

【正确答案】AB

【答案解析】药店、酒店实行多元化经营，因此属于“兼营行为”

要点 4：进项税额的计算

1. 准予从销项税额中抵扣的进项税额

【例题】

［核算题］

【资料】上海某科创公司为增值税一般纳税人，2024 年 10 月经理报销本月出差费用，取得高速公路电子普通发票金额 1000 元，取得过桥、过闸通行费 2000 元，开具的汽油费增值税专用发票金额 3000 元，税额 390 元。

【要求】计算本月该公司此项业务允许抵扣的进项税额。

【正确答案】

允许抵扣的进项税额 $= 1000 \div (1 + 3\%) \times 3\% + 2000 \div (1 + 5\%) \times 5\% + 390 = 514.36$（元）

2. 不得从销项税额中抵扣的进项税额

（1）用于简易计税方法计税项目、免征增值税项目、集体福利或者个人消费的购进货物、劳务、服务、无形资产、不动产。

（2）非正常损失的购进货物，以及相关劳务和交通运输服务。

（3）非正常损失的在产品、产成品所耗用的购进货物（不包括固定资产）、劳务和交通运输服务。

（4）非正常损失的不动产，以及该不动产所耗用的购进货物、设计服务和建筑服务。

（5）非正常损失的不动产在建工程所耗用的购进货物、设计服务和建筑服务。

（6）购进的贷款服务、餐饮服务、居民日常服务和娱乐服务。

（7）纳税人接受贷款服务向贷款方支付的与该笔贷款直接相关的投融资顾问费、手续费、咨询费等费用，其进项税额不得从销项税额中抵扣。

（8）提供保险服务的纳税人以现金赔付方式承担机动车辆保险责任的，将应付给被保险人的赔偿金直接支付给车辆修理劳务提供方，不属于保险公司购进车辆修理劳务，其进项税额不得从保险公司销项税额中抵扣。纳税人提供的其他财产保险服务，比照上述规定执行。

（9）财政部和国家税务总局规定的其他情形。

【例题】

【单选题】根据增值税法律制度的规定，下列各项中，一般纳税人不得从销项税额中抵扣进项税额的是（　　）。

A. 购进生产用材料取得增值税专用发票

B. 生产的残次品产品耗用材料

C. 购进不动产取得增值税专用发票

D. 因管理不善造成霉烂变质材料的增值税款

【正确答案】D

【答案解析】因管理不善造成货物被盗、丢失、霉烂变质，以及因违反法律法规造成货物或不动产被依法没收、销毁、拆除的情形，进项税额不得抵扣。

要点 5：应纳税额的计算

增值税一般纳税人采用一般计税法。根据增值税相关法律法规的规定，应纳税额为当期销项税额扣除当期进项税额后的余额。当期销项税额小于当期进项税额不足抵扣时，其不足部分可结转下期继续抵扣。计算公式如下：

当期应纳增值税税额 = 当期销项税额 – 当期进项税额

【例题】

［核算题］

【资料】上海利华商贸公司为增值税一般纳税人，2024 年 6 月销售货物的不含税销售额 3000000 元，外购货物的准予扣除的进项税额为 250000 元。

【要求】计算该企业 6 月份的增值税应纳税额。

【正确答案】

（1）当期销项税额 = 3000000 × 13% = 390000（元）

（2）当期进项税额 = 250000（元）

（3）应纳税额 = 390000 – 250000 = 10000（元）

【例题】

【单选题】某商贸公司为增值税小规模纳税人，2024 年 8 月销售商品取得含税销售额 80000 元，购入商品取得普通发票 60000 元。已知，征收率为 1%。当月应缴纳增值税税额为（　　）元。

A. 192.08　　B. 800　　C. 600　　D. 792.08

【正确答案】D

【答案解析】应纳增值税税额 = 80000 ÷ （1 + 1%）× 1% = 792.08 元。

强化训练

单选题

1. 根据增值税法律制度的规定，下列各项中应征收增值税的是（　　）。

A. 行政单位收取的符合条件的行政事业性收费

B. 公立医院收取的房屋租金

C. 单位聘用的员工为本单位提供取得工资的服务

D. 个体工商户为聘用的员工提供服务

2. 根据增值税法律制度的规定，下列行为中，属于视同销售货物行为的是（　　）。

A. 某外贸公司将外购的白酒用于交际应酬

B. 超市将外购的饮料作为节日福利发给员工

C. 某制造业企业将外购的材料用于生产产品

D. 某玩具厂将自产的玩具无偿赠送给福利院

3. 根据增值税法律制度的规定，下列各项中，属于销售不动产的是（　　）。

A. 转让非专利技术

B. 转让办公楼时一并转让其所占土地的使用权

C. 转让专利技术

D. 转让域名

4. 根据增值税法律制度的规定，下列各项中不征收增值税的是（　　）。

A. 事业单位收取的单位内部人员停车费

B. 甲运输公司无偿向乙企业提供交通运输服务

C. 某会计师事务所无偿向乙企业提供咨询服务

D. 个体工商户为聘用的员工提供服务

5. 增值税是以流转过程中产生的（　　）作为计税依据而征收的一种流转税。

A. 生产额　　B. 销售额　　C. 增值额　　D. 资金额

6. 上海某外贸进出口公司为增值税一般纳税人，2024 年 9 月进口一批货物，海关审定的关税完税价格为 100 万元。已知关税税率为 10%。计算该公司当月该笔业务应缴纳增值税税额是（　　）万元。

A. 13　　B. 11.05　　C. 16.159　　D. 14.3

7. 下列各项中，增值税数字化电子发票基本内容不包括（　　）。

A. 发票时间　　B. 销售方银行账号

C. 购买方纳税人识别号　　D. 发票号码

8. 下列各项中，应计入增值税应税销售额的有（　　）。

A. 向购买者收取的包装物租金

B. 向购买者收取的销项税额

C. 因销售货物向购买者收取的手续费

D. 受托加工应税消费品代收代缴的消费税

9. 增值税的销售额包括向购买方收取的全部价款和（　　）。

A. 价外费用　　B. 手续费　　C. 包装物押金　　D. 返还利润

10. 甲公司为增值税一般纳税人，本月销售一批产品，取得不含税销售额 100000 元，同时向对方收取包装费 1000 元，则甲公司本月增值税销项税额为（　　）元。

A. 16138　　B. 13115.04　　C. 13130　　D. 13000

11. 下列各项中，（　　）属于增值税小规模纳税人。

A. 年应税销售额为 480 万元的个体工商户

B. 年销售货物应税销售额超过 500 万元的个体工商户

C. 某酒店年应税销售额超过 500 万元的有限公司

D. 某教育服务机构年应税销售额超过 500 万元的合伙企业

12. 下列情形中，应征收增值税的是（　　）。

A. 法国某公司向我国某公司销售位于北京的厂房

B. 英国某公司向我国某公司销售完全在德国境内使用的专利权

C. 韩国某公司向我国某公司提供在韩国境内的会议展览服务

D. 越南某公司向我国某公司出租完全在越南境内使用的房屋

13. 一般纳税人销售白酒时收取的包装物押金，在（　　）时缴纳增值税。

A. 逾期　　B. 合同到期　　C. 不予退还　　D. 收取

14. 根据增值税法规规定，下列行为不征收增值税的有（　　）。

A. 将自产的办公桌用于财务部门办公使用

B. 将委托加工收回的卷烟用于赠送客户

C. 将新研发的玩具交付某商场代为销售

D. 某公司将自有资金无偿借给其关联公司 1000 万元

15. 工商银行上海某分行提供贷款服务，下列各项中应缴增值税的计税销售额有（　　）。

A. 本月取得的全部利息收入扣除借款利息后的余额

B. 本月贷款利息收入扣除金融服务收取的手续费的余额

C. 结息当月收取的全部利息应计入下月销售额

D. 本月取得的全部利息及利息性质的收入

16. 一般纳税人提供劳务派遣服务，选择差额纳税时不允许扣除的项目有（　　）。

A. 代用工单位支付给劳务派遣员工的工资及福利

B. 为劳务派遣人员办理的住房公积金

C. 劳务派遣公司收取的管理费

D. 为劳务派遣人员办理的社会保险金

17. 甲市的 A、B 两店为实行统一核算的连锁店。根据增值税法律制度的规定，A 店的下列经营活动中，不属于视同销售货物行为的是（　　）。

A. 将货物交付给位于乙市的某商场代销

B. 销售丙市某商场委托代销的货物

C. 将货物移送到本市 B 店用于销售

D. 为促销将本店货物无偿赠送给消费者

18. 根据增值税法律制度的规定，下列行为中，属于视同销售货物行为的是（　　）。

A. 甲外贸公司将外购的矿泉水用于交际应酬

B. 乙超市将外购的洗衣液作为福利发给员工

C. 丙玩具厂将自产的玩具无偿赠送给福利院

D. 丁服装厂将外购的面料用于生产服装

19. 2024 年 6 月 25 日，甲公司与某医院签订了“智慧医院 ERP 购销合同”，双方约定总价款为 560 万元。8 月 6 日，甲公司已提供软件安装并按照合同进度开具 120 万元货款增值税专用发票。8 月 10 日，甲公司收到医院第一笔货款 120 万元。8 月 25 日，甲公司收到医院第二笔货款120万元。根据增值税法规规定，甲公司增值税纳税义务发生时间为（　　）。

A. 6月25日　　B. 8月6日　　C. 8月10日　　D. 8月25日

20. 根据增值税法规规定，下列款项中，一般纳税人发生应税销售行为应并入销售额计算销项税额的是（　　）。

A. 返还利润　　B. 补贴

C. 手续费　　D. 代收代缴的消费税

21. 某商贸公司为增值税一般纳税人，2024年9月采取折扣方式销售一批货物，该批货物不含税销售额100000元，折扣额1000元，销售额和折扣额在同一张发票的金额栏分别注明。下列各项该公司当月该笔业务增值税销项税额为（　　）元。

A. 11389.38　　B. 13000　　C. 11504.42　　D. 11700

多选题

1. 根据我国现行增值税法规的规定，下列属于加工修理修配劳务应当缴纳增值税的有（　　）。

A. 上海某汽车销售公司4S店的汽车维修服务

B. 上海某有限公司的房屋修缮服务

C. 上海某大型器械维修公司的设备维修服务

D. 上海某服装有限公司的来料服装加工服务

2. 下列服务项目中，属于现代服务应当缴纳增值税的有（　　）。

A. 某旅游公司的俄文翻译服务

B. 某快递公司的快递服务

C. 某公司的施工设备租赁（配备人员）服务

D. 某公司的互联网接入服务

3. 下列业务属于增值税“交通运输服务”征收范围的有（　　）。

A. 水路运输的程租业务

B. 水路运输的期租业务

C. 铁路运输的客运服务业务

D. 航空运输的湿租业务

4. 根据增值税相关法规规定，下列服务属于增值税建筑服务征收范围的有（　　）。

A. 工程监理　　B. 平整土地　　C. 拆除建筑　　D. 修缮服务

5. 下列业务属于增值税视同销售的是（　　）。

A. 单位无偿向其他企业提供建筑服务

B. 单位无偿为公益事业提供修缮房屋服务

C. 单位无偿为关联企业提供安装门窗服务

D. 单位以自产的建筑材料对外投资

6. 根据我国现行增值税法规规定，下列属于增值税销售服务应当缴纳增值税的有（　　）。

A. 上海大众汽车销售公司 4S 店的汽车维修服务

B. 上海沪源有限公司的房屋修缮服务

C. 上海大型器械维修公司的设备维修服务

D. 上海燃气安装公司管道安装服务

7. 根据增值税法律制度的规定，下列各项中按照销售货物征收增值税的有（　　）。

A. 销售电力　　B. 销售热力　　C. 销售房地产　　D. 销售天然气

8. 根据增值税法规规定，下列行为不应视同销售征收增值税的有（　　）。

A. 某公司开发商以开发项目的 3 套住宅用房抵顶建筑工程款

B. 某公司将外购的商品作为春节福利发给企业员工

C. 某卷烟厂将委托加工收回的卷烟用于赠送客户

D. 某公司将自产的电脑桌用于财务部门办公

9. 下列情形不征收增值税的有（　　）。

A. 某公司取得与销售收入直接挂钩的财政补贴收入

B. 某公司为聘用员工提供服务

C. 个人的银行存款利息

D. 某公司保险人获得的保险赔款

10. 下列各项中，增值税数字化电子发票基本内容包括（　　）。

A. 发票时间　　B. 购买方银行账号

C. 销售方纳税人识别号　　D. 项目内容

11. 下列服务项目中，属于生活服务应当缴纳增值税的有（　　）。

A. 某美发店的烫发服务

B. 某餐饮公司提供的餐饮服务

C. 某洗浴场提供的洗浴服务

D. 某教育公司提供的线上线下教育服务

12. 根据增值税法规规定，下列行为应视同销售征收增值税的有（　　）。

A. 将自产的办公桌用于财务部门办公使用

B. 将外购的服装作为春节福利发给企业员工

C. 将委托加工收回的卷烟用于赠送客户

D. 将新研发的玩具交付某商场代为销售

13. 下列各项中，应视同销售征收增值税的有（　　）。

A. 企业将资金无偿借给个人使用

B. 个人股东王某将资金无偿借给企业使用

C. 个人将房屋无偿赠送给他人

D. 将自产的白酒作为礼品赠送

14. 下列情形中，应不征收增值税的是（　　）。

A. 法国某公司向我国某公司销售位于上海的办公楼

B. 德国某公司向我国某公司销售完全在德国境内使用的专利权

C. 英国某公司向我国某公司提供在英国境内的会议展览服务

D. 韩国某公司向我国某公司出租完全在韩国境内使用的房屋

15. 下列各项中，属于混合销售行为的有（　　）。

A. 某商场销售家电并送货上门

B. 某商场既销售货物，又提供餐饮服务

C. 某建筑公司包工包料提供建筑服务

D. 某房地产公司销售开发的房屋

16. 根据现行增值税法规的规定，下列项目属于兼营业务的有（　　）。

A. 某电商销售空调并负责上门安装

B. 某月子中心为客户提供照顾产妇及小孩的月子服务，同时向该客户销售母婴用品

C. 某饭店提供就餐服务并销售自制食品

D. 某饭店提供就餐服务并销售外购酒、饮料等商品

17. 下列纳税人中，年应税销售额超过规定标准但可以选择按照小规模纳税人纳税的有（　　）。

A. 会计核算健全的单位

B. 非企业性单位

C. 不经常发生应税行为的企业

D. 不经常发生应税行为的个体工商户

18. 根据增值税法规规定，下列销售额应缴纳增值税的有（　　）。

A. 纳税评估调整的销售额

B. 稽查查补的销售额

C. 税务机关代开发票销售额

D. 偶尔发生的销售不动产销售额

19. 根据增值税法规规定，下列说法中关于增值税销售额按照差额计税的有（　　）。

A. 经纪代理服务以取得全部价款和价外费用为销售额

B. 旅游服务一律以取得的全部价款和价外费用为销售额

C. 航空运输企业的销售额不包括收取的机场建设费

D. 劳务派遣服务以取得全部价款和价外费用为销售额

20. 根据增值税法规规定，下列各项中，进项税额不准予从销项税额中抵扣的有(　　)。

A. 上海某公司将外购烟酒无偿赠送给客户

B. 上海某集团公司将外购原材料作为投资提供给联营单位

C. 上海某公司将外购零食大礼包发放给职工

D. 上海某公司将外购货物分配给股东

21. 下列各项中，属于视同销售货物行为的有（　　）。

A. 将购进的货物无偿赠送给其他单位

B. 将购进的货物分配给股东

C. 将购进的货物投资给其他单位

D. 将购进的货物用于本单位集体福利

22. 根据增值税法律制度的规定，下列各项中属于增值税混合销售行为的有（　　）。

A. 歌舞厅向张某提供娱乐服务的同时销售食品

B. 建材商店向王某销售地板的同时提供安装服务

C. 餐饮公司向李某提供餐饮服务的同时销售烟酒

D. 百货商店向郑某销售商品的同时提供送货服务

23. 根据增值税法律制度的规定，下列各项不属于“金融服务—贷款服务”的是(　　)。

A. 资金结算　　B. 账户管理

C. 金融支付　　D. 融资性售后回租

判断题

1. 销售服务、无形资产或者不动产应按照营业额缴纳营业税。

2. 一般纳税人发生应税行为适用免税规定的可以开具专用发票。

3. 小规模纳税人不能开具增值税专用发票。

4. 销售货物时应征收消费税的均应征收增值税。

5. 旅店业和饮食业纳税人销售非现场消费的食品应当缴纳增值税。

6. 纳税人采取以旧换新的方式销售金银首饰，应按照实际收取的不含增值税的全部价款征收增值税。

7. 纳税人采取以旧换新的方式销售出金银首饰，应按照销售货物实际收取不含增值税的价款征收增值税。

8. 根据增值税法规规定，从海关取得的“海关进口增值税专用缴款书”上注明的增值税税额准予进项税额抵扣。

9. 增值税分为生产型增值税、收入型增值税和消费型增值税三种类型。

10. 某汽车销售 4S 店是增值税一般纳税人，为客户提供的修理汽车服务，其税率为 6%。

11. 某公司将房屋出租给乙饭店，而乙饭店长期不付租金，后经双方协商，由该公司在饭店就餐抵账不视同销售。

12. 纳税人兼营免税、减税项目的，应当分别核算免税、减税项目的销售额；未分别核算的，不得免税、减税。

13. 某集团公司母公司将自有资金无偿借给子公司 1000 万元使用，未收取利息就不缴纳增值税。

14. 根据增值税法规规定，采取委托银行收款方式销售货物，增值税纳税义务发生时间为收取销售款的当天。

15. 根据增值税法规规定，一般纳税人销售货物向购买方收取的包装物租金，并入销售额计算增值税销项税额。

16. 一般纳税人提供的公共交通运输服务，可以选择适用简易计税方法计缴增值税。

17. 增值税起征点的适用范围限于个人，且不适用于登记为一般纳税人的个体工商户。

18. 张明转让其著作权免征增值税。

19. 增值税一般纳税人向消费者个人销售货物，不得开具增值税专用发票。

20. 增值税纳税人以 1 个月或者 1 个季度为 1 个纳税期的，自期满之日起 30 日内申报纳税。

计算题

［核算 1］

【资料】某企业为增值税一般纳税人，2024 年 10 月销售自产电视机 10 台，开具增值税专用发票注明价款 30000 元，另外取得购买方支付的违约金 2000 元。

【要求 1】计算该企业当月上述业务应税销售额。

【要求 2】计算该企业当月应纳增值税税额。

［核算 2］

【资料】上海某糕点店为一般纳税人，2024 年 3 月经理报销出差费用，其中取得有身份信息的高铁车票 1300 元，取得飞机票 1000 元（其中票价 850 元、燃油附加费 50 元、机场建设费 100 元）；同时，报销本月开车出差取得的高速公路发票 1800 元，取得过桥、过闸通行费 500 元，开具的汽油费专用发票金额 8000 元。

【要求】计算本月该公司此项业务允许抵扣的进项税额。

［核算 3］

【资料】上海奇闻商贸有限公司为增值税小规模纳税人，本企业采用按季度申报纳税方式，2024 年第三季度发生以下销售业务：

【业务 1】销售给某小型超市一批小家电，取得价税合计金额 130000 元。

【业务 2】将本月所购化妆品销售给消费者，取得价税合计金额 10000 元。

【业务 3】销售给上海舒文制造有限公司一批货物，取得价税合计金额 150000 元，并开具 3% 的增值税专用发票。

【要求 1】判断该企业能否享受增值税小规模纳税人优惠政策，并用文字说明理由。

【要求 2】计算该公司第三季度销售额。

【要求 3】计算该公司第三季度应纳增值税税额。

［核算 4］

【资料】上海某经营金融业务的证券公司是增值税一般纳税人，2024 年第一季度转让债券卖出价含税价为 2000000 元，该债券是 2022 年 10 月购入的，买入价为 1900000 元。该公司 2024 年第一季度之前转让金融商品亏损 60000 元。

【要求】计算该公司转让债券的应税销售额及销项税额。

［核算 5］

【资料】上海联亿建筑有限公司为增值税一般纳税人，2024 年 7 月给某学校提供教室装修服务，学校支付装修费 1000000 元。

【要求】计算该公司 7 月增值税销售额及销项税额。

［核算 6］

【资料】上海某食品公司为一般纳税人，2024 年 10 月研制一种新型食品，为了进行市场推广和宣传，无偿赠送 500 件给消费者品尝，该食品无同类产品市场价，生产成本 50 元 / 件，成本利润率为 10%。

【要求】计算该公司本月增值税销项税额。

［核算 7］

【资料】上海丰汇有限责任公司为增值税一般纳税人，4 月销售钢材开具增值税专用发票注明价税合计 1000 万元；收到购进铁矿石增值税专用发票注明计税合计 800 万元，上月留抵税额 10 万元。

【要求】计算该公司本月应纳增值税税额。

［核算 8］

【资料】上海银月啤酒有限公司为增值税一般纳税人，2024 年 8 月生产销售啤酒，开具增值税数电专用发票上注明的不含税金额 9000000 元，已收取包装物押金 200000 元，本月逾期未退还包装物押金 100000 元。本月购进原材料取得增值税数电专用发票上注明不含税金额 6000000 元，税额 540000 元。上期留底税额 220000 元。

【要求】计算该公司本月应纳增值税税额。

[核算9]

【资料】上海亚飞宾馆为增值税一般纳税人，2024 年 9 月取得住宿服务收入 1060000 元。购买宾馆日用品、清洗布草、添置电器等物资，取得增值税专用发票上注明的价税合计 199411.76 元，税率为 13% 的数电发票。

【要求】计算该宾馆 9 月应纳增值税税额。

[核算10]

【资料】某酒厂为增值税小规模纳税人，2024 年第一季度生产销售新研制的白酒 1000 斤，并收到包装物押金 5000 元，每斤白酒生产成本 500 元，无同类产品售价（白酒成本利润率 10%）。

【要求1】判断销售白酒的增值税征收率，并说明理由。

【要求2】计算该酒厂上述业务应纳增值税税额。

［核算 11］

【资料】上海某服装有限公司为增值税一般纳税人。2024 年 8 月销售给上海第一时代商场一批女装，由于货款及时回笼，根据合同规定，给予上海第一时代商场 2% 折扣，该公司实际取得不含税销售额 2100000 元。

【要求】计算该公司本月的应税销售额及销项税额。

［核算 12］

【资料】上海旺洪酒楼为增值税一般纳税人，2024 年 4 月提供餐饮服务取得含税收入 50 万元、取得外卖收入 20 万元，同月购买食材、酒类等取得可抵扣进项税额 5 万元。

【要求】计算该酒楼上述业务应纳增值税税额。

［核算 13］

【资料】上海凤翔首饰店为增值税一般纳税人，2024 年 5 月 12 日以以旧换新方式销售玉石首饰，旧玉石首饰作价 80000 元，实际收取新旧首饰差价款共计 90000 元；采取以旧换新方式销售原价为 3500 元的金项链 100 件，每件收取差价款 2000 元。

【要求】计算当月应税销售额及销项税额。

［核算 14］

【资料】上海云航有限公司（一般纳税人），2024 年 6 月 1 日销售给杭州天雨有限公司一批雨伞 15000 件，每件不含税售价为 200 元，交给上海韵达运输公司运输，代垫运输费用 6800 元，运费发票已转交给杭州天雨有限公司。购进制作雨伞原材料取得增值税专用发票价税合计 500000 元，取得运费增值税专用发票价税合计 12000 元，并验收入库，尚未付款。

【要求】计算该公司上述业务应纳增值税税额。

［核算 15］

【资料】上海先达运输有限公司为一般纳税人，提供货物运输服务和装卸搬运服务，其中货物运输服务适用一般计税方法，装卸搬运服务选择适用简易计税方法。该纳税人 2024 年 4 月缴纳当月电费 11.3 万元，取得增值税专用发票符合抵扣条件，且该进项税额无法在货物运输服务和装卸搬运服务间划分。该纳税人当月取得不含税货物运输收入 6 万元、装卸搬运服务 4 万元。

【要求 1】判断当月取得的电费 11.3 万元增值税专用发票抵扣联能否全额抵扣？如果不能全额抵扣应如何处理？请用文字说明。

【要求 2】计算当月进项税额转出数额。

【要求 3】根据上述经济业务，编制相关会计分录。

［核算 16］

【资料】上海市速递运输有限公司是增值税一般纳税人。2024 年 4 月 5 日取得含税收入 200 万元，其中，国内货运收入 188 万元，销售货物 A 产品取得含税收入 12 万元。支付上海四通联运公司含税价运费 50 万元，取得增值税专用发票。假设该企业期初无留抵税额，销售 A 产品成本为 10 万元。假设不同的业务收入会计核算采用单独核算方式。

【要求 1】计算该公司当期销项税额。

【要求 2】计算该公司当期进项税额。

【要求 3】计算该公司当期应纳增值税税额。

[核算 17]

【资料】上海优元设计有限责任公司为一般纳税人，提供设计服务适用一般计税方法。2024 年 4 月购进 A4 纸张，取得增值税专用发票列明的货物金额 100000 元，运费 10000 元，并于当月抵扣。2024 年 6 月，本公司由于管理不善造成上述 A4 纸张全部丢失。

【要求 1】分析该公司的上述业务税务处理方式，请用文字说明。

【要求 2】计算该公司 6 月增值税进项税额转出金额。

【要求 3】根据上述经济业务，编制相关会计分录。

［核算 18］

【资料】上海泰如有限责任公司为一般纳税人，生产包装食品，适用一般计税方法。2024 年 4 月其某批次产品的 60% 因违反国家法律法规被依法没收，该批次在产品 A 所耗用的购进货物成本为 1950000 元，发生运费 53000 元，均取得增值税专用发票且已于购进当月抵扣进项税额。

【要求 1】判断当月取得的产品 A 所耗用的购进货物 1950000 元增值税专用发票抵扣联能否全额抵扣？如果不能全额抵扣应如何处理？请用文字说明。

【要求 2】计算当月进项税额转出数额。

【要求 3】根据上述经济业务，编制相关会计分录。

［核算 19］

【资料】上海维达集团有限公司为一般纳税人，2024 年 4 月购进一栋楼用作职工宿舍，购进含税价款为 1090 万元，已取得增值税专用发票并于当月抵扣。

【要求 1】当月取得的购进一栋楼用作职工宿舍的增值税专用发票抵扣联能否全额抵

扣？如果不能全额抵扣应如何处理？请用文字说明。

【要求 2】计算当月进项税额转出数额。

【要求 3】根据上述经济业务，编制相关会计分录。

综合题

［综合 1］

【资料】上海焦文科技有限公司为增值税一般纳税人，2024 年 4 月的有关生产经营业务如下：

【业务 1】销售甲产品给崇明百货商场，开具增值税专用发票，取得不含税销售额 80 万元，并取得销售甲产品的送货运输费收入 5.65 万元。

【业务 2】从上海商贸科技有限公司购入甲产品取得增值税专用发票，注明支付的货款 60 万元，进项税额 7.8 万元；另外支付购货的运输费用 6 万元，进项税额为 0.54 万元，并取得运输公司开具的增值税专用发票。

【要求 1】该企业的销售商品与运费业务属于混合销售行为还是兼营行为？请用文字说明。

【要求 2】计算 4 月的销项税额。

【要求 3】计算 4 月允许抵扣的进项税额。

【要求 4】计算 4 月应纳增值税税额。

［综合 2］

【资料】上海第一百货销售有限公司为增值税一般纳税人，销售货物适用增值税税率为 13%。上期留抵税额 2546.23 元。2024 年 4 月的有关经营业务如下：

【业务 1】向个人消费者销售空调 30 台，收取货款 105300 元，另收取安装费 6000 元，全部开具普通发票。

【业务 2】采取以旧换新方式销售含税价为 2000 元的金戒指 80 枚，每枚收取差价款 1000 元。采取以旧换新方式销售 50 部手机，实际收到金额为 60000 元，每部旧手机抵顶 500 元。

【业务 3】盘点时发现 2023 年 5 月外购卷烟霉烂变质损失 50000 元。

【业务 4】购进床上用品 10 套含税价 20000 元，收到销货方代垫运费发票含税价为 1000 元，均取得增值税专用发票。

【业务 5】张经理出差报销差旅费，飞机票 6000 元（其中票价 5800 元、燃油附加费 100 元、机场建设费 100 元），高速公路发票 2600 元，过桥、过闸通行费 1200 元，开具的汽油费专用发票金额 3000 元。

【要求 1】根据【业务 1】计算该公司销售空调业务的销售额及销项税额。

【要求 2】根据【业务 2】计算采取以旧换新方式销售的金戒指与手机销售额及销项税额。

【要求 3】根据【业务 3】计算进项税额转出金额。

【要求 4】根据【业务 4】计算允许抵扣的进项税额。

【要求 5】根据【业务 5】计算允许抵扣的进项税额。

【要求 6】根据上述涉税业务计算该公司应纳增值税税额。

［综合 3］

【资料】上海某制造企业为增值税一般纳税人，增值税税率为 13%，2024 年 9 月发生以下业务：

【业务 1】购进茶叶、烟酒一批用于业务招待，取得增值税专用发票上注明价税合计 100000 元。

【业务2】从某企业（小规模纳税人）购进原材料，取得增值税专用发票价税合计50000元（增值税税率3%）；支付运费并取得增值税专用发票，注明不含税运费1000元。

【业务3】从某企业（一般纳税人）购进原材料，取得增值税专用发票价税合计300000元。

【业务4】销售某产品，取得不含税收入2000000元，出租一台机器设备取得不含税租金收入500000元，均给对方开具增值税专用发票。

【业务5】将本企业使用过的2010年购入的一台机器设备销售，该机器设备购入时已抵扣进项税额，取得含税销售收入60000元。

【已知】上月留抵税额为56893.6元。

【要求1】说明根据上述涉税业务的销项税额与进项税额所使用的相关政策。

【要求2】计算该企业当月准予抵扣的进项税额。

【要求3】计算该企业当月的增值税销项税额。

【要求4】计算该企业当月应纳增值税税额。

［综合 4］

【资料】上海某旅游公司为增值税一般纳税人，主要从事旅游服务，2024 年 6 月有关经营情况如下：

【业务 1】提供旅游服务取得含税收入 6065000 元，在接团项目中为游客支付交通费 504260 元、住宿费 387500 元、门票费 256821 元，支付本公司导游工资及福利 78650 元。

【业务 2】将闲置的一层办公楼对外出租，按季度收取租金，每月租金价税合计金额 150000 元，本月收到 7—9 月的含税租金 450000 元。

【业务 3】为职工通勤租用 1 辆公共汽车，支付月租金 20000 元，取得增值税专用发票。

【业务 4】支付广告设计服务费 65000 元，取得增值税专用发票。

【业务 5】支付每月办公宽带网络电信费 5000 元，取得增值税专用发票。

【业务 6】支付会展费 80000 元，取得增值税专用发票。

【已知】甲旅游公司提供旅游服务选择差额计税方法计缴增值税。

【要求 1】判断该公司旅游服务适合的增值税税率和增值税税务处理方式，并用文字说明。

【要求 2】计算应税销售额允许扣除项目的金额。

【要求 3】计算旅游服务应纳增值税税额。

【要求4】计算以上业务允许抵扣的进项税额。

【要求5】根据上述资料，不考虑其他因素，分析回答下列问题。

1. 该旅游公司的下列支出中，在计算当月旅游服务增值税销售额时，准予扣除（　　）。

A. 交通费 504260 元　　B. 住宿费 387500 元

C. 门票费 256821 元　　D. 导游工资及福利 78650 元

2. 计算甲旅游公司当月提供旅游服务增值税销项税额为（　　）元。

A. 328925.4　　B. 278287.87　　C. 294985.14　　D. 273835.98

3. 计算该公司当月出租办公楼增值税销项税额为（　　）元。

A. 40500　　B. 13500　　C. 12385.32　　D. 28899.08

4. 该公司的下列进项税额中，准予从销项税额中抵扣的是（　　）。

A. 购买会展费服务所支付的进项税额

B. 支付网络费的进项税额

C. 支付职工通勤用班车租车费的进项税额

D. 支付广告费的进项税额

［综合5］

【资料】上海某航空公司为增值税一般纳税人，主要提供国内、国际运输服务。2024年8月有关经营情况如下：

【业务1】提供国内旅客运输服务取得含税收入10500万元，特价机票改签、变更费350万元。

【业务2】代收转付航空意外保险费150万元，代收机场建设费（民航发展基金）270万元，代收转付其他航空公司客票款200万元。

【业务3】出租飞机广告位取得含增值税收入450万元，同时收取延期付款违约金12万元。

【要求】根据上述资料，不考虑其他因素，分析回答下列问题。

1. 该公司提供的下列服务中，适用增值税零税率的是（ ）。

A. 提供国际旅客运输服务取得的收入
B. 提供国内货物运输服务取得的收入
C. 提供国内旅客运输服务取得的收入
D. 提供国际货物运输服务取得的收入

2. 该公司当月取得的下列款项中，应计入销售额计缴增值税的是（ ）。

A. 特价机票改签、变更费
B. 代收转付其他航空公司客票款
C. 代收转付航空意外保险费
D. 代收机场建设费（民航发展基金）

3. 计算该公司当月提供国内旅客运输服务增值税销项税额是（ ）元。

A.895.87　B.1008　C.924.77　D.1032.3

4. 计算该公司当月提供飞机广告位出租服务增值税销项税额是（ ）万元。

A.58.5　B.51.77　C.53.15　D.60.06

第三章　消费税认知

学情解密

学习指南

本章主要介绍消费税的纳税义务人、税目、税率、计税依据、税额以及征收管理要求。通过本章的学习，全面了解消费税具体征税规定，并能应用消费税税收政策对消费税涉税业务进行税务处理，消费税法的学习应重点关注部分特色业务（如委托加工应税消费品、进口应税消费品等），同时加强消费税与其他税种的关联度。

知识框架

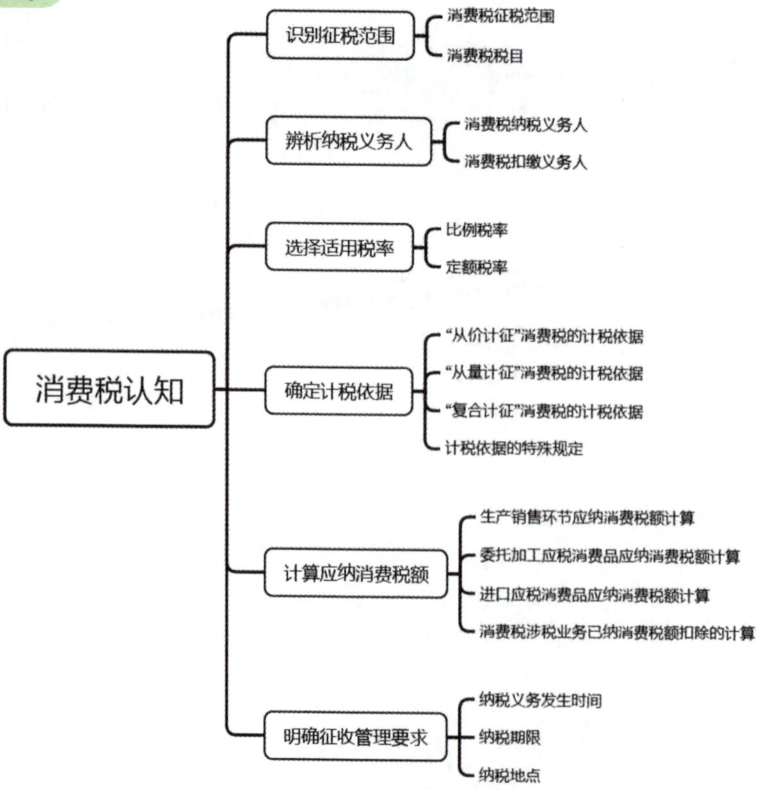

学习目标

◆ 知识目标

1. 辨认消费税纳税义务人；
2. 识别消费税的征税范围及具体税目；
3. 根据税目选择适用税率；
4. 确认消费税纳税义务发生时间、纳税期限与纳税地点。

◆ 技能目标

1. 计算生产销售环节应纳消费税税额；
2. 计算自产自用应税消费品应纳消费税税额；
3. 计算委托加工应税消费品应纳消费税税额；
4. 计算进口应税消费品应纳消费税税额。

◆ 情感目标

1. 正确认识消费税、建立健康正确的消费观念；
2. 积极关注消费税对经济发展、环境保护、个人消费的调节作用；
3. 加强建立节约资源和环境保护意识。

温馨提示

1. “增值税”与“消费税”同为货物与劳务税，涉税业务处理时，应关注两税种的计税依据、计税方法等共性与差异。

2. “委托加工应税消费品”会计处理在《财务会计》学科中已学习过，加强“消费税”会计处理与税法处理的关联度，使前后衔接合理化、科学化。

知识要点与例题

要点1：消费税税目

15类应税消费品：烟、酒、高档化妆品、贵重首饰及珠宝玉石、鞭炮和焰火、成品油、小汽车、摩托车、高尔夫球及球具、高档手表、游艇、木制一次性筷子、实木地板、涂料、电池。

【例题】

【单选题】根据消费税法律制度的规定，下列各项中，属于消费税征税范围的是（　　）。

A. 中轻型商用客车　　B. 大型商用客车

C. 货车　　D. 拖拉机

【正确答案】A

【答案解析】选项 A：“大型商用客车、货车、拖拉机”不属于应税消费品。

要点 2：消费税税率

消费税税率采取比例税率、定额税率和复合税率。

1. 比例税率：适用于大部分应税消费品。

2. 定额税率：适用于啤酒、黄酒、成品油。

3. 复合税率：适用于卷烟、白酒。

【例题】

【单选题】根据消费税法律制度的规定，下列应税消费品中，实行从价定率和从量定额复合方法计征消费税的是（　　）。

A. 电池　　B. 游艇　　C. 涂料　　D. 白酒

【正确答案】D

【答案解析】在消费税的征税范围中，只有卷烟和白酒实行从价定率和从量定额复合方法计征消费税。

要点 3：自产应税消费品消费税税务处理

1. 纳税人生产的应税消费品：于销售时纳税。

2. 纳税人自产自用的应税消费品：用于连续生产应税消费品的，不纳税；用于其他方面的，于移送使用时纳税。

3. 自产应税消费品，用于在建工程：管理部门、非生产机构、馈赠、赞助、集资、广告、样品、职工福利、奖励等方面移送使用时纳税。

【例题】

【单选题】根据消费税法律制度的规定，纳税人自产应税消费品用于下列项目中，不缴纳消费税的是（　　）。

A. 用于连续生产应税消费品　　B. 用于职工福利

C. 用于管理部门　　D. 用于在建工程

【正确答案】A

【答案解析】纳税人自产自用的应税消费品，用于连续生产应税消费品的，不缴纳消费税。

三 要点 4：征税机关

1. 从价计征消费税

【例题】

【单选题】甲地板厂为增值税一般纳税人，2024 年 11 月销售自产实木地板取得含增值税销售额 111.15 万元。已知实木地板增值税税率为 13%，消费税税率为 5%，甲地板厂当月该业务应缴纳消费税（　　）万元。

A. 4.92　　B. 5.85　　C. 5.5575　　D. 5.18

【正确答案】A

【答案解析】应缴纳消费税 = 111.15 ÷（1 + 13%）× 5% = 4.92（万元）

2. 从量计征消费税

【例题】

【多选题】根据消费税法律制度的规定，下列关于确定从量计征销售数量的表述中，正确的有（　　）。

A. 委托加工应税消费品的，为纳税人收回的应税消费品数量

B. 进口应税消费品的，为海关核定的应税消费品进口征税数量

C. 生产销售应税消费品的，为应税消费品的生产数量

D. 自产自用应税消费品的，为应税消费品的移送使用数量

【正确答案】ABD

【答案解析】选项 C：销售应税消费品的，为应税消费品的销售数量。

3. 复合计征应税消费品

【例题】

【多选题】根据消费税法律制度的规定，白酒生产企业销售自产白酒收取的下列款项中，应并入销售额计征消费税的有（　　）。

A. 包装物租金　B. 增值税税款　C. 品牌使用费　D. 优质费

【正确答案】ACD

【答案解析】价外费用不包括应向购买方收取的增值税税款。

4. 视同销售应税消费品计算应纳消费税税额

【例题】

【单选题】2024 年 1 月，甲化妆品公司将新研制的一批高档化妆品用于集体福利，该批高档化妆品生产成本 97750 元。无同类高档化妆品销售价格，已知消费税税率为 15%，成本利润率为 5%，计算甲化妆品公司该笔业务消费税组成计税价格是（　　）元。

A. 89250　B. 102637.5　C. 85000　D. 120750

【正确答案】D

【答案解析】组成计税价格 =（97750 + 97750 × 5%）÷（1 − 15%）= 120750（元）

5. 委托加工应税消费品计算应纳消费税税额

【例题】

【单选题】甲地板厂受乙公司委托加工一批实木地板，乙公司提供的材料成本为 45000 元，甲地板厂收取不含增值税加工费 12000 元。甲地板厂同类实木地板不含税销售价格为 100000 元，乙公司同类实木地板不含税销售价格为 120000 元，已知消费税税率为 5%。计算甲地板厂上述业务应代收代缴消费税税额为（　　）元。

A. 6000　B. 3000　C. 2850　D. 5000

【正确答案】D

【答案解析】代收代缴消费税税额 = 100000 × 5% = 5000（元）。

三 要点 5：已纳消费税税额扣除

1. 外购或委托加工收回的已税烟丝生产的卷烟；

2. 外购或委托加工收回的已税高档化妆品为原料生产的高档化妆品；

3. 外购或委托加工收回的已税珠宝玉石为原料生产的贵重首饰及珠宝玉石；

4. 外购或委托加工收回的已税鞭炮、焰火为原料生产的鞭炮、焰火；

5. 以外购或委托加工收回的已税杆头、杆身和握把为原料生产的高尔夫球杆；

6. 以外购或委托加工收回的已税木制一次性筷子为原料生产的木制一次性筷子；

7. 以外购或委托加工收回的已税实木地板为原料生产的实木地板；

8. 以外购或委托加工收回的已税石脑油、润滑油、燃料油为原料生产的成品油；

9. 以外购或委托加工收回的已税汽油、柴油为原料生产的汽油、柴油。

【例题】

【单选题】生产企业以外购应税消费品连续生产应税消费品，下列准予扣除外购应税消费品已纳消费税税款的是（　　）。

A. 已税摩托车生产的摩托车　　B. 已税白酒生产的白酒

C. 已税烟丝生产的卷烟　　D. 已税珠宝玉石生产的金银镶嵌首饰

【正确答案】C

【答案解析】只有选项 C 已税烟丝生产的卷烟符合外购应税消费品连续生产应税消费品并准予扣除已纳消费税的条件。

强化训练

单选题

1. 根据消费税法律制度的规定，下列商品中，不属于消费税征税范围的是（　　）。

A. 钻石饰品　　B. 调味料酒　　C. 电子烟　　D. 薯类白酒

2. 下列消费品中，应征收消费税的是（　　）。

A. 手机　　B. 手提电脑　　C. 洗衣粉　　D. 高档化妆品

3. 下列消费品中，不征收消费税的是（　　）。

A. 进口香烟　　B. 进口服装　　C. 进口法国酒　　D. 进口化妆品

4. 下列各项中，按从价从量复合计征消费税的是（　　）。

A. 汽车轮胎　　B. 化妆品　　C. 白酒　　D. 珠宝玉石

5. 根据消费税法律制度的规定，下列各项中，属于消费税征税范围的是（　　）。

A. 中轻型商用客车　B. 大型商用客车　C. 货车　D. 拖拉机

6. 按消费税条例规定，在委托加工应税消费品业务中，受托方成为应纳消费税的（　　）。

A. 纳税人　B. 负税人　C. 代收代缴义务人　D. 代理人

7. 下列各项中，应征消费税的是（　　）。

A. 啤酒屋销售的自制啤酒　B. 土杂商店出售的焰火、鞭炮

C. 黄河牌卡车　D. 销售使用过的小轿车

8. 我国消费税绝大部分选择在生产销售环节征税，下列各项中不在此环节征税的应税消费品是（　　）。

A. 化妆品　B. 小汽车　C. 鞭炮、焰火　D. 金银首饰

9. 以下应税消费品中，适用单一定额税率的是（　　）。

A. 粮食白酒　B. 酒精　C. 黄酒　D. 卷烟

10. 根据消费税法律制度的规定，下列各项中不征收消费税的是（　　）。

A. 体育上用的发令纸　B. 爆竹　C. 礼花弹　D. 组合烟花

11. 根据消费税法律制度的规定，下列各项中，应征收消费税的是（　　）。

A. 超市零售白酒　B. 汽车厂销售自产电动汽车

C. 地板厂销售自产实木地板　D. 百货公司零售高档化妆品

12. 根据消费税法律制度的规定，下列应税消费品中，在零售环节征收消费税的是（　　）。

A. 电子烟　B. 超豪华小汽车　C. 白酒　D. 高档化妆品

13. 根据消费税法律制度的规定，下列应税消费品中，实行从价定率方法计征消费税的是（　　）。

A. 电池　B. 黄酒　C. 柴油　D. 白酒

14. 纳税人将自产自用的应税消费品，用于连续生产应税消费品的（　　）。

A. 视同销售纳税　B. 于移送使用时纳税

C. 按组成计税价格纳税　D. 不纳税

15. 委托加工的一般应税消费品，没有同类消费品销售价格的，按组成计税价格计算纳税，其组成计税价格＝（　　）。

A.（材料成本＋加工费）÷（1＋消费税税率）

B.（材料成本 + 加工费）÷（1 – 消费税税率）

C.（材料成本 + 加工费）÷（1 + 增值税税率）

D.（材料成本 + 加工费）÷（1 – 增值税税率）

16. 实行从价定率征收消费税的应税消费品的计税依据应是（　　）。

A. 含增值税不含消费税的销售额　　B. 含增值税含消费税的销售额

C. 不含增值税不含消费税的销售额　　D. 不含增值税含消费税的销售额

17. 根据消费税法律制度的规定，下列属于消费税纳税人的是（　　）。

A. 销售卷烟给烟草批发企业的烟草批发企业

B. 生产销售电子烟的持有商标的烟草专卖生产企业

C. 零售宝石的首饰店

D. 零售高档手表的商店

18. 2024 年 5 月甲药酒厂生产 240 吨药酒，销售 140 吨，开具的增值税专用发票上注明金额 1000 万元，增值税税额 130 万元。甲药酒厂当月销售药酒消费税计税依据为（　　）。

A.1000 万元　　B.130 万元　　C.240 吨　　D.140 吨

19. 根据消费税法律制度的规定，下列各项中，应以纳税人同类应税消费品的最高销售价格作为计税依据计征消费税的是（　　）。

A. 用于无偿赠送的应税消费品

B. 用于集体福利的应税消费品

C. 用于换取生产资料的应税消费品

D. 用于连续生产非应税消费品的应税消费品

20. 根据消费税法律制度的规定，下列行为中，不缴纳消费税的是（　　）。

A. 汽车厂将自产的小汽车发放给员工作为福利

B. 啤酒厂将自产的啤酒用于广告宣传发放

C. 化妆品厂将自产的高档香水用于连续生产高档化妆品

D. 油漆厂将自产的涂料用于办公楼装修

21. 2024 年 10 月，甲公司将自产的 1 辆小汽车用于投资乙公司，将自产的同型号 2 辆小汽车用于行政部门，已知该型号小汽车的最低不含税销售价格为 10 万元 / 辆，平均不含税销售价格为 12 万元 / 辆，最高不含税销售价格为 16 万元 / 辆。小汽车的消费税税率为 12%。计算甲公司应缴纳的消费税税额为（　　）万元。

A. 1.344　　B. 4.32　　C. 5.76　　D. 4.8

22. 2024 年 10 月，甲酒厂受托为乙酒店加工 10 吨粮食白酒，乙酒店提供原材料成本 500000 元，甲酒厂收取不含增值税加工费 60000 元，甲酒厂同类白酒不含增值税售价 90000 元 / 吨。已知消费税比例税率为 20%，定额税率为 0.5 元 /500 克，计算甲酒厂该笔业务应代收代缴消费税税额是（　　）元。

A. 190000　　B. 150000　　C. 142500　　D. 180000

23. 2024 年 3 月，甲高档化妆品厂销售高档化妆品，取得不含增值税售价 150000 元；向非独立核算门市部移送成本 90000 元的高档化妆品，门市部全部销售，零售价为 113000 元。已知化妆品消费税税率为 15%。计算甲高档化妆品厂当月上述业务应缴纳消费税税额为（　　）元。

A. 15000　　B. 34911.50　　C. 3750　　D. 34446.90

24. 某酒厂下设一非独立核算的门市部，2024 年 5 月该酒厂共生产啤酒 150 吨，当月将其中 100 吨由总机构移送到非独立核算门市部用于销售，当月门市部实际对外销售啤酒 80 吨，取得不含税销售额 260 万元。已知该啤酒属于甲类啤酒，适用的消费税税额为 250 元 / 吨。计算该酒厂当月消费税税额为（　　）万元。

A. 20000　　B. 65000　　C. 25000　　D. 37500

25. 甲实木地板厂为增值税一般纳税人，2023 年 8 月以一批自产的实木地板与乙公司换取生产原料。当月甲实木地板厂同类实木地板含增值税平均售价 79100 元、最高售价 96050 元。已知实木地板消费税税率为 5%。计算甲实木地板厂当月该笔业务应缴纳消费税税额是（　　）元。

A. 3955　　B. 3500　　C. 4250　　D. 4802.5

26. 白酒生产企业（一般纳税人）销售自产的白酒 20 吨取得含税销售收入 56 万元，向商业销售单位收取品牌使用费 5.9 万元，向商业销售单位收取包装物租金 3 万元。已知白酒的增值税税率为 13%，消费税比例税率为 20%，定额税率为 0.5 元 /500 克。计算该白酒生产企业应缴纳消费税税额为（　　）万元。

A. 11.49　　B. 13.69　　C. 13.49　　D. 11.91

27. 甲金店为增值税一般纳税人，2024 年 10 月将金银首饰连同包装物零售给消费者，其中，金银首饰含增值税销售额 24860 元，包装物含增值税售价 4520 元。已知消费税税率为 5%。计算甲金店当月上述业务应缴纳消费税税额是（　　）元。

A. 1243　　B. 1100　　C. 1469　　D. 1300

28. 持有电子烟商标 A 的甲电子烟生产企业生产电子烟产品。2024 年 10 月，甲企业生产销售A电子烟给电子烟批发企业，不含增值税销售额为150万元。同时，当月该纳税人（不持有电子烟商标B）从事电子烟代加工业务，生产销售B电子烟给乙生产企业（持有电子烟商标B），不含增值税销售额为50万元。已知，甲企业分开核算A电子烟和B电子烟销售额，电子烟的消费税税率为36%。甲企业应申报缴纳电子烟的消费税为（　　）万元。

A. 36　　B. 84.38　　C. 54　　D. 72

29. 某日化厂为增值税一般纳税人，2024年6月将新研制的100件高档化妆品无偿赠送给关联企业，每件高档化妆品的生产成本为50元，该厂没有同类高档化妆品的销售价格。已知消费税税率为15%，成本利润率为5%。计算该日化厂当月应缴纳消费税税额为（　　）元。

A. 750　　B. 787.5　　C. 684.78　　D. 926.47

30. 甲涂料生产企业为增值税一般纳税人，2024年6月将自产涂料10000桶用于连续加工高档涂料，另外将自产同类型涂料20000桶用于装饰本企业的办公室。涂料的生产成本为50元/桶，不含税平均销售价格为70元/桶。已知消费税税率为4%，成本利润率为7%。计算甲企业当月应缴纳消费税为（　　）元。

A. 84000　　B. 56000　　C. 66875　　D. 44583.33

31. 2024年2月，甲电子烟生产企业（增值税一般纳税人）委托乙电子烟经销商销售其生产的、持有商标的一批电子烟产品，乙经销商销售给丙电子烟批发企业取得含增值税销售额为226万元。已知甲电子烟生产企业该批电子烟出厂不含税销售价格为150万元。已知消费税税率为36%。计算甲电子烟生产企业该笔业务应缴纳消费税税额是（　　）万元。

A. 54　　B. 81.36　　C. 72　　D. 126

32. 甲卷烟生产企业为增值税一般纳税人，2024年5月委托乙企业加工甲类卷烟，甲企业提供不含税价款为100万元的原材料，同时支付不含税加工费20万元，当月加工完毕收回100标准箱的卷烟。已知，乙企业销售同类卷烟的不含税销售价格为280万元，甲类卷烟消费税税率为56%加150元/箱。计算乙企业当月应代收代缴消费税为（　　）万元。

A. 156.8　　B. 158.3　　C. 152.73　　D. 156.14

33. A红酒厂为增值税一般纳税人，2024年9月销售用自产葡萄酒和外购酒杯组成的礼盒1000套，每套含增值税售价2260元，其中葡萄酒含增值税售价2034元。已知消费税税率为 10%，计算 A 红酒厂当月销售该礼盒应缴纳消费税税额是（　　）元。

A. 226000　　B. 200000　　C. 203400　　D. 180000

34. 2024 年 6 月，甲公司进口一批小汽车，海关审定的关税完税价格为 100 万元，缴纳关税 20 万元。已知，小汽车消费税税率为 25%。甲公司当月进口小汽车应缴纳消费税税额为（　　）万元。

A. 30　　B. 40　　C. 25　　D. 33.33

35. 甲公司为增值税一般纳税人，2024 年 9 月进口白酒 3 吨，海关核定的关税完税价格为 900000 元。已知关税税率为 10%，消费税比例税率为 20%，定额税率为 0.5 元 /500 克，计算甲公司当月该笔业务应缴纳消费税税额是（　　）元。

A. 251250　　B. 225000　　C. 248250　　D. 228000

36. 甲企业为增值税一般纳税人，2024 年 5 月月初库存木制一次性筷子不含增值税买价 10 万元，本月外购木制一次性筷子不含税买价 52 万元，月末库存木制一次性筷子不含税买价 9 万元，领用的木制一次性筷子全部用于连续生产木制一次性筷子。已知，木制一次性筷子适用的消费税税率为 5%。计算甲企业本月准予扣除的外购木制一次性筷子已缴纳的消费税税额为（　　）万元。

A. 3.1　　B. 2.6　　C. 2.65　　D. 2.15

37. 2024 年 8 月，甲化妆品厂进口一批高档化妆品，该批高档化妆品关税完税价格为 50000 元。已知高档化妆品消费税税率为 15%，关税税率为 5%。计算甲化妆品厂当月该笔业务应缴纳进口环节消费税税额是（　　）元。

A. 9264.71　　B. 8823.53　　C. 7500　　D. 7875

38. 2024 年 10 月，甲生产企业（一般纳税人）向乙商场（一般纳税人）销售自产的铂金戒指，取得含税销售额 66 万元，乙商场将购进的铂金戒指销售给消费者，取得含税销售额 80 万元。已知铂金戒指的消费税税率为 5%。下列关于上述业务的表述中，正确的是（　　）。

A. 甲生产企业应缴纳消费税 3.54 万元　　B. 乙商场应缴纳消费税 0.7 万元

C. 甲生产企业应缴纳消费税 0.62 万元　　D. 乙商场应缴纳消费税 3.54 万元

39. 2024 年 8 月，甲酒厂将新研制的白酒 2 吨发给员工作为福利，该批白酒生产成本 30000 元，无同类白酒销售价格。已知，消费税比例税率为 20%，定额税率为 0.5 元 /500 克，成本利润率为 5%。计算甲酒厂当月该笔业务消费税组成计税价格是（　　）元。

A. 41875　　B. 33500　　C. 26800　　D. 42000

40. 甲高档化妆品生产企业为增值税一般纳税人，2024 年 6 月采取分期收款方式销售自产高档化妆品一批，合同约定含税总价款为 600000 元，按照合同约定当月应收款 60%，但实际收到含税价款 300000 元。已知消费税税率为 15%。计算甲企业当月应缴纳消费税税额为（　　）元。

A. 79646.02　　B. 47787.61　　C. 3982.30　　D. 45000

41. 某市高尔夫球具生产企业（一般纳税人）2024 年 9 月 1 日以分期收款方式销售一批高尔夫球杆，价税合计金额为 139.2 万元，合同约定于 9 月 5 日、11 月 5 日各收取 50% 价款，9 月 5 日实际收到 40% 的价款，但并未给客户开具发票。已知消费税税率为 10%。计算该企业 9 月就该项业务应缴纳消费税（　　）万元。

A. 4.93　　B. 6.16　　C. 12.32　　D. 0

42. 根据消费税法律制度的规定，下列关于消费税纳税义务发生时间的表述中，不正确的是（　　）。

A. 纳税人自产自用应税消费品的，为移送使用的当天

B. 纳税人委托加工应税消费品的，为支付加工费的当天

C. 纳税人进口应税消费品的，为报关进口的当天

D. 纳税人销售应税消费品采取预收款方式的，为发出应税消费品的当天

43. 根据消费税法律制度的规定，企业发生的下列经营行为中准予扣除外购应税消费品已纳消费税税款的是（　　）。

A. 外购已税高度白酒生产低度白酒　　B. 外购已税烟丝生产卷烟

C. 外购已税电池生产小汽车　　D. 外购已税珠宝生产黄金镶嵌首饰

44. 甲电子烟生产企业（增值税一般纳税人）持有 A 电子烟商标。2024 年 1 月，甲企业生产销售 A 电子烟给电子烟批发企业，含增值税销售额为 113 万元。当月甲企业（不持有 B 电子烟商标）从事电子烟代加工业务，生产销售 B 电子烟给乙电子烟生产企业（乙企业持有 B 电子烟商标），不含增值税销售额为 50 万元。已知甲企业分开核算 A 电子烟和 B 电子烟销售额。已知消费税税率为 36%。甲电子烟生产企业当月应缴纳消费税税额是（　　）万元。

A. 40.68　　B. 36　　C. 58.68　　D. 54

45. 甲电子烟生产企业（增值税一般纳税人）持有 A 电子烟商标。2024 年 1 月，甲企业生产销售 A 电子烟给电子烟批发企业，含增值税销售额为 113 万元。当月甲企业（不持有 B 电子烟商标）从事电子烟代加工业务，生产销售 B 电子烟给乙电子烟生产企业（乙

企业持有 B 电子烟商标），不含增值税销售额为 50 万元。已知甲企业没有分开核算 A 电子烟和 B 电子烟销售额，消费税税率为 36%。甲电子烟生产企业当月应缴纳消费税税额（　　）万元。

A. 40.68　　B. 36　　C. 58.68　　D. 54

多选题

1. 下列商品中适用定额税率征收消费税的有（　　）。

A. 汽油　　B. 柴油　　C. 小汽车　　D. 啤酒

2. 根据消费税法律制度的规定，下列属于消费税纳税人的有（　　）。

A. 委托加工白酒的酒厂　　B. 进口葡萄酒的贸易商

C. 销售果酒的商场　　D. 生产销售白酒的厂商

3. 下列货物销售征收消费税的有（　　）。

A. 汽车销售公司代销小汽车

B. 汽车修理厂销售汽车轮胎

C. 金店零售金银首饰

D. 手表厂生产销售高档手表（不含税价格为 12000 元 / 块）

4. 不同应税消费品的纳税环节包括（　　）。

A. 批发环节　　B. 进口环节　　C. 生产销售环节　　D. 零售环节

5. 根据消费税法律制度的规定，有关应税消费品销售数量的确定，下列表述正确的有（　　）。

A. 销售应税消费品的，为应税消费品的销售数量

B. 自产自用应税消费品的，为应税消费品的移送使用数量

C. 委托加工应税消费品的，为纳税人收回后对外出售的应税消费品数量

D. 进口应税消费品的，为海关核定的应税消费品进口征税数量

6. 根据消费税法律制度的规定，下列各项中，不需要缴纳消费税的有（　　）。

A. 电动汽车　　B. 高尔夫球包

C. 气缸容量为 150 毫升的摩托车　　D. 高尔夫车

7. 某企业生产的某高档化妆用品，用于下列（　　）用途时应征收消费税。

A. 促销活动中赠送品　　B. 本企业职工运动会奖品

C. 加工生产普通护肤品　　D. 电视广告的样品

8. 实行从价定率和从量定额复合计税办法计算应纳税额的应税消费品是（　　）。

A. 白酒　　B. 卷烟　　C. 超豪华小汽车　　D. 珠宝玉石

9. 根据增值税和消费税法律制度的规定，下列情形既缴纳增值税又缴纳消费税的有（　　）。

A. 自产的高档化妆品用于对外投资

B. 自产的素板用于连续生产实木地板

C. 自产的小汽车用于偿还客户的欠款

D. 自产的调味料酒用于职工福利

10. 根据消费税法律制度的规定，企业发生的下列经营行为中，外购应税消费品已纳消费税税额不得从应纳消费税税额中扣除的有（　　）。

A. 外购已税蒸馏酒生产配制酒　　B. 外购已税溶剂油为原料生产成品油

C. 外购已税烟丝生产卷烟　　D. 外购已税电池生产小汽车

11. 根据消费税法律制度的规定，关于金银首饰的税务处理，下列说法正确的有（　　）。

A. 纳税人采用以旧换新方式销售的金银首饰，应按新首饰的销售价格计征消费税

B. 对既销售金银首饰，又销售非金银首饰的单位，应将两类商品划分清楚，分别核算销售额

C. 金银首饰与其他产品组成成套消费品销售的，应按销售额全额征收消费税

D. 金银首饰连同包装物销售的，无论包装物是否单独计价，也无论会计上如何核算，均应并入金银首饰的销售额计征消费税

12. 根据消费税法律制度的规定，下列各项中，不需要计算缴纳消费税的有（　　）。

A. 汽车经销商零售中低端小汽车　　B. 商场零售卷烟

C. 木材批发公司销售实木地板　　D. 商场销售黄金项链

13. 根据消费税法律制度的规定，下列关于从量计征消费税销售数量的表述中，正确的有（　　）。

A. 销售应税消费品的，为应税消费品的销售数量

B. 自产自用应税消费品的，为应税消费品的移送使用数量

C. 委托加工应税消费品的，为纳税人收回的应税消费品数量

D. 进口应税消费品的，为纳税人进口后销售的数量

14. 根据消费税法律制度的规定，下列各项中，属于消费税纳税人的有（　　）。

A. 金首饰零售商　　B. 高档化妆品进口商

C. 涂料生产商　　D. 鞭炮批发商

15. 乙商场委托甲企业生产一批高尔夫球，乙商场提供原材料的成本为 100 万元，甲企业收取不含税加工费 10 万元。已知甲企业同类高尔夫球的不含税销售价格为 150 万元，高尔夫球及球具的消费税税率为 10%。下列说法中正确的有（　　）。

A. 甲企业代收代缴消费税的计税依据是 150 万元

B. 甲企业应对收取的加工费 10 万元按照加工劳务缴纳增值税

C. 甲企业代收代缴消费税的计税依据是 122.22 万元

D. 乙商场应对支付的加工费 10 万元缴纳增值税

16. 根据消费税法律制度的规定，下列情形中，应缴纳消费税的有（　　）。

A. 甲贸易公司进口葡萄酒　　B. 丁商场零售钻石戒指

C. 乙鞭炮厂销售自产鞭炮　　D. 丙烟草批发企业将卷烟批发给零售商

17. 甲公司、乙公司均为增值税一般纳税人，甲公司受托为乙公司加工一批焰火，甲公司提供原材料的成本为 20 万元，收取不含税加工费 5 万元，同类焰火的不含税销售价格为 30 万元。已知焰火的消费税税率为 15%。关于委托加工环节的税务处理，正确的有（　　）。

A. 甲公司按照销售自制焰火缴纳消费税

B. 甲公司应缴纳消费税 4.5 万元

C. 甲公司代收代缴消费税 4.41 万元

D. 乙公司支付的加工费取得增值税专用发票的，可以抵扣进项税额

18. 甲酒厂为增值税一般纳税人，2024 年 10 月销售白酒收取的下列款项中，应计入白酒销售额计算缴纳消费税的是（　　）。

A. 增值税　　B. 品牌使用费　　C. 包装物租金　　D. 包装物押金

19. 根据消费税法律制度的规定，下列关于消费税纳税义务发生时间的表述中，正确的有（　　）。

A. 采取托收承付方式的，为发出应税消费品并办妥托收手续的当天

B. 委托加工应税消费品的，为纳税人提货的当天

C. 采取赊销和分期收款结算方式的，为书面合同约定的收款日期的当天；书面合同没有约定收款日期或者无书面合同的，为发出应税消费品的当天

D. 进口应税消费品，为报关进口的当天

20. 根据消费税法律制度的规定，下列情形中，准予抵扣应税消费品已纳消费税的有（　　）。

A. 外购已税珠宝玉石为原料生产的金银首饰

B. 外购已税素板为原料生产的实木地板

C. 外购已税高档化妆品为原料生产的高档化妆品

D. 外购已税溶剂油为原料生产的成品油

21. 根据消费税法律制度的规定，下列情形中，应当以纳税人同类应税消费品的最高销售价格作为消费税计税依据的有（　　）。

A. 将自产白酒用于换取生产资料　　B. 将自产游艇用于投资入股

C. 将自产小汽车用于抵偿债务　　D. 将自产高档化妆品用于赠送客户

22. 根据消费税法律制度的规定，企业发生的下列经营行为中，在计算应纳消费税税额时，准予扣除委托加工环节缴纳的消费税税款的有（　　）。

A. 委托加工收回的已税烟丝为原料生产的卷烟

B. 委托加工收回的已税烟丝直接出售的

C. 委托加工收回的已税涂料以高于受托方的计税价格出售的

D. 委托加工收回的已税高档香水精为原料生产的普通化妆品

23. 根据消费税法律制度的规定，下列取得烟草专卖许可证的主体中应缴纳消费税的有（　　）。

A. 生产销售电子烟并取得电子烟产品注册商标的电子烟生产企业

B. 不持有电子烟产品注册商标，通过代加工方式生产电子烟的企业

C. 批发销售电子烟的电子烟批发企业

D. 进口电子烟的电子烟专卖店

24. 根据消费税法律制度的规定，下列关于消费税纳税地点的表述中，正确的有（　　）。

A. 进口的应税消费品，由进口人或者其代理人向报关地海关申报纳税

B. 委托加工的应税消费品，均由受托方向机构所在地或者居住地的主管税务机关解缴消费税税款

C. 纳税人到外县销售自产应税消费品的，于应税消费品销售后，向机构所在地或者居住地主管税务机关申报纳税

D. 纳税人的总机构与分支机构不在同一县（市）的，应当分别向各自机构所在地的主管税务机关申报纳税

判断题

1. 消费税应在应税消费品的生产、流通或消费的每一环节缴纳，实行的是价内税。

2. 贵重首饰及珠宝玉石全部在生产销售环节缴纳消费税。

3. 每辆零售价格 130 万元（不含增值税）及以上的乘用车和中轻型商用客车需要在批

发环节加征一道消费税。

4. 应征收增值税的货物均应征收消费税。

5. 舞台、戏剧、影视演员化妆用的上妆油、卸妆油、油彩，不属于消费税的征收范围。

6. 缴纳消费税的纳税人一般要缴纳增值税。

7. 电子烟生产环节纳税人采用代销方式销售电子烟的，以经销商（代理商）销售给电子烟批发企业的销售额（含收取的全部价款和价外费用）为电子烟生产环节纳税人的消费税计税价格。

8. 金银首饰在生产环节征收消费税。

9. 烟草批发企业将卷烟销售给其他烟草批发企业的，照章缴纳消费税。

10. 消费税的复合税率适用于黄酒、啤酒。

11. 采取托收承付和委托银行收款方式销售应税消费品的，消费税纳税义务发生时间为发出应税消费品的当天。

12. 消费税是价内税，即应税消费品的计税销售额中包括增值税和消费税的税款。

13. 消费税纳税人将不同税率的应税消费品组成成套消费品销售的，从高适用税率。

14. 受托方以委托方名义购进原材料生产的应税消费品，作为委托加工应税消费品缴纳消费税。

15. 纳税人用外购的已税珠宝、玉石原料生产的改在零售环节征收消费税的金银首饰（金银镶嵌首饰），在计税时一律不得扣除外购珠宝、玉石的已纳消费税税款。

16. 纳税人 A 委托纳税人 B 加工应税消费品，交货时由 B 代收代缴 A 应缴纳的消费税，A 收回的产品直接出售时，不再征收消费税。

17. 委托个人加工应税消费品，应在受托方居住地解缴消费税。

计算题

［核算 1］

【资料】雅韵化妆品有限公司销售其生产的高档香水，价款 65000 元（不含增值税）。

【要求】计算该公司上述业务应缴纳的消费税税额。

［核算 2］

【资料】广州美妍化妆品有限公司为增值税一般纳税人，8 月 10 日向广州润发购物中心销售高档彩妆一批，开具增值税专用发票，取得不含增值税销售额 45 万元，增值税税额 5.85 万元；8 月 25 日向广州悦美商贸有限公司销售一批高档护肤品，开具普通发票，取得含增值税销售额 6.78 万元。

【要求】计算该公司 8 月应纳消费税税额。

［核算 3］

【资料】韵彩化妆品制造公司为增值税一般纳税人。5 月 15 日向某零售商销售一批香水，开具普通发票，取得含增值税销售额 80290 元。

【要求】计算该化妆品制造公司上述业务应缴纳的消费税税额。

［核算 4］

【资料】北京畅饮啤酒厂为增值税一般纳税人，2026 年 11 月销售乙类啤酒 350 吨，每吨乙类啤酒出厂价格 2700 元。

【要求】计算北京畅饮啤酒厂 11 月应纳消费税税额。

［核算 5］

【资料】金陵啤酒制造公司 6 月销售甲类啤酒 350 吨，每吨甲类啤酒出厂价格 4800 元。

【要求】计算该啤酒制造公司上述业务应纳消费税税额。

［核算 6］

【资料】杭州醇香白酒厂为增值税一般纳税人，2024 年 11 月销售白酒 120 吨，当月取得不含增值税销售额 1860 万元。

【要求】计算该厂当月应纳消费税税额。

［核算 7］

【资料】宏远卷烟制造厂 5 月生产销售 15 箱某一牌号卷烟，每标准条（200 支）的计税销售价格为 90 元。

【要求】计算该卷烟厂上述业务应纳消费税税额。

［核算 8］

【资料】深圳雅韵化妆品有限公司将自产的高档香水礼盒作为节日福利发放给员工，无同类产品市场销售价格，该批香水礼盒的生产成本为 20000 元。国家税务总局核定的该产品成本利润率为 5%，高档化妆品消费税税率为 15%。

【要求】计算该化妆品有限公司上述业务应纳消费税税额。

［核算 9］

【资料】清泉白酒厂为增值税小规模纳税人，自产特色白酒 2500 斤，用于新年员工福利，每斤白酒生产成本 20 元，无同类产品售价（白酒成本利润率 10%）。

【要求】计算该酒厂上述业务应纳消费税税额。

［核算 10］

【资料】馨悦美妆制造厂为增值税一般纳税人，将自产的一批护肤品用于公司团建奖品，护肤品生产成本为 12000 元，成本利润率为 10%，无同类产品售价。

【要求】计算该制造厂上述业务应纳消费税税额。

［核算 11］

【资料】广州华宇汽车配件有限公司（以下简称华宇公司）委托广州星耀机械制造有限公司（以下简称星耀公司）加工一批应税零件，华宇公司为星耀公司提供原材料等，实际成本为 9000 元，支付星耀公司不含税加工费 2346.15 元，其中包括星耀公司代垫的辅助材料 600 元。已知适用消费税税率 10%。同时该应税零件，受托方无同类消费品销售价格。

【要求】请计算星耀公司代收代缴应税零件的消费税税额。

[核算 12]

【资料】蓝焰卷烟厂5月委托某县级市烟丝加工厂（为增值税一般纳税人）加工一批烟丝，卷烟厂提供的烟叶在委托加工合同上注明成本75000元。烟丝加工完毕，卷烟厂提货时，加工厂开具专用发票上注明收取的加工费（含代垫辅料成本）13000元，增值税1690元，并代收代缴了消费税。

【要求】计算烟丝加工厂代收代缴消费税税额。

[核算 13]

【资料】广州美姿化妆品有限公司本月受托加工M类高档化妆品8件，受托方同类产品含增值税售价为14690元/件；受托加工N类高档化妆品7件，成本为50000元，加工费为12000元。高档化妆品税率为15%。

【要求】计算该公司应代收代缴消费税税额。

[核算 14]

【资料】华远商贸有限公司当月从韩国进口150辆SUV汽车，每辆海关的关税完税价格为20万元。已知SUV汽车关税税率为22%，消费税税率为7%。

【要求】计算该公司进口SUV汽车应纳消费税税额。

[核算 15]

【资料】广州香榭化妆品有限公司从境外进口一批高档香水，经海关核定，关税的完税价格为 68000 元，进口关税税率为 45%，消费税税率为 15%。

【要求 1】计算该公司进口环节应纳消费税税额。

【要求 2】计算该公司进口环节应纳增值税税额。

[核算 16]

【资料】恒远汽车制造有限公司（增值税一般纳税人）2026 年 10 月 18 日销售汽车取得销售收入（含税）9040 万元，款项已收讫。适用消费税税率为 12%。

【要求 1】计算该公司当期应纳消费税税额。

【要求 2】编制取得汽车销售收入、计提和缴纳消费税时的会计分录。

[核算 17]

【资料】杭州雅韵化妆品有限公司为增值税一般纳税人，销售一批自产高档护肤品给杭州联华超市有限公司，开具的增值税专用发票上注明的销售额为 200000 元，增值税税额为 26000 元，价税合计 226000 元。高档护肤品已经发出，货款尚未收到。

【要求 1】计算该公司应纳消费税税额。

【要求 2】编制“销售护肤品”会计分录。

[核算 18]

【资料】广州龙腾石化有限公司为增值税一般纳税人，将自产的 3000 升柴油用于本企业独立核算的运输部门，同类产品销售价（不含税）为 6 元 / 升，成本为 4.5 元 / 升。

【要求 1】计算该公司应纳消费税税额。

【要求 2】编制“计提消费税”会计分录。

[核算 19]

【资料】成都醇香白酒厂为增值税一般纳税人，将自产的 2500 斤白酒作为节日礼品分发给本单位职工。该批白酒实际成本 45000 元，按出厂单价（不含税）售价为 65000 元。消费税比例税率为 20%，定额税率为 0.5 元 /500 克。

【要求 1】计算该酒厂应纳消费税税额。

【要求 2】编制“发放福利”相关会计分录。

［核算 20］

【资料】南京锦绣化妆品有限公司为增值税一般纳税人，8 月 20 日销售 200 套护肤品，增值税专用发票上注明价款为 50000 元，税额为 6500 元，款项已通过银行收讫。

【要求 1】计算该公司本月应缴纳的消费税税额。

【要求 2】编制“销售护肤品”相关会计分录。

［核算 21］

【资料】阳光制造厂 2026 年 12 月 5 日发出材料 180000 元，委托明月加工厂加工应税消费品，支付不含税加工费 9000 元；12 月 20 日阳光制造厂收回加工应税消费品后，将其用于继续加工应税消费品。适用消费税税率为 10%。

【要求 1】计算明月加工厂代收代缴消费税税额。

【要求 2】编制“阳光制造厂委托加工应税消费品”相关会计分录。

［综合 1］

【资料】佳丽化妆品公司为增值税一般纳税人，主要从事各类化妆品的研发、生产和销售。2024 年 12 月，公司发生了以下业务：

【业务 1】从国进口一批高档眼霜，取得海关专用缴款书，海关核定的关税完税价格为 450000 元。

【业务2】销售本公司生产的Q型高档面霜，取得含增值税收入1100000元，另收取包装费33000元。

【业务3】接受戊公司委托，加工R型高档口红。戊公司提供原材料价格为90000元，丁公司收取含增值税加工费40000元。丁公司无同类高档口红的销售价格。

【业务4】将自产的S型高档精华液用于以下用途：赠送合作伙伴、用于广告宣传、赞助电视综艺节目以及奖励本公司员工。

【要求1】根据上述资料，计算该公司【业务1】【业务2】应纳消费税税额合计数。

【要求2】根据上述资料，计算该公司【业务3】代收代缴消费税税额。

【要求3】根据上述资料，计算该公司应纳增值税税额。

【要求4】根据上述资料，不考虑其他因素，分析回答下列问题。

1. 计算该公司当月进口高档眼霜应缴纳消费税税额为（　　）元。

A.71550　　B.67500　　C.84176.47　　D.79411.76

2. 计算该公司当月销售自产Q型高档面霜应缴纳消费税税额为（　　）元。

A.18982.30　　B.16500　　C.14601.77　　D.21450

3. 计算该公司当月受托加工R型高档修饰类化妆品应代收代缴消费税税额为（　　）元。

A.22941.18　　B.15882.35　　C.22129.10　　D.19500

4. 该公司当月自产S型高档护肤类化妆品的下列用途中，应缴纳消费税的是（　　）。

A. 用于赠送合作伙伴　　B. 用于赞助电视综艺节目

C. 用于奖励本公司员工　　D. 用于广告宣传

［综合 2］

【资料】星辉实木地板制造有限公司为增值税一般纳税人，主要从事实木地板生产和销售业务，2023 年 11 月发生下列业务：

【业务 1】进口一批实木地板用于职工活动中心建设，海关核定的关税计税价格为 25 万元，已缴纳关税 3.75 万元，取得海关进口增值税专用缴款书注明增值税税额 3.78 万元。

【业务 2】购进作为促销礼品使用的环保布袋，取得增值税专用发票注明税额 8 万元，支付其运输费，取得增值税专用发票注明税额 0.8 万元，因仓储防火措施不到位，该批环保布袋全部焚毁。

【业务 3】委托外单位加工高端实木地板，支付加工费取得增值税专用发票注明税额 6 万元。

【业务 4】外购一批实木基板，取得增值税专用发票注明金额 35 万元。11 月初库存实木基板不含增值税买价 8 万元，11 月末库存实木基板不含增值税买价 15 万元。领用实木基板连续生产 S 型实木地板，当月对外销售 S 型实木地板取得不含税销售额 75 万元。

【业务 5】将自产 T 型实木地板分别用于本公司会议室翻新、连续生产拼花实木地板、连续生产实木工艺品以及用于客户答谢活动。

【已知】实木地板消费税税率为 5%，取得税扣税凭证均符合抵扣规定。

【要求 1】根据上述资料，计算该公司应纳消费税税额。

【要求 2】根据上述资料，不考虑其他因素，分析回答下列问题。

1. 计算该当月进口实木地板应缴纳消费税税额为（　　）万元。

A.1.25　　B.1.32　　C.1.51　　D.1.44

2. 星辉实木地板制造有限公司的下列进项税额中，不得从销项税额中抵扣的是(　　)。

A. 购进作为促销礼品使用的环保布袋的进项税额 8 万元

B. 支付运输费的进项税额 0.8 万元

C. 支付加工费的进项税额 6 万元

D. 进口职工活动中心建设用实木地板的进项税额 3.78 万元

3. 计算该厂销售 S 型实木地板应纳消费税税额（　　）万元。

A.3　　B.2　　C.2.25　　D.1.75

4. 该厂当月自产T型实木地板的下列用途中，应缴纳消费税的是（　　）。

A. 用于本公司会议室翻新

B. 连续生产拼花实木地板

C. 连续生产实木工艺品

D. 用于客户答谢活动

［综合3］

【资料】华悦酒业公司为增值税一般纳税人，主要从事酒类产品的生产与销售业务。2024年8月有关经营情况如下：

【业务1】通过自设非独立核算门市部销售自产“瑞香”牌白酒6吨，含增值税销售价格226000元/吨、生产成本150000元/吨。

【业务2】销售自产“逸云”牌白酒8吨，含增值税销售价格452000元/吨，同时向购买方收取品牌使用费339000元。

【业务3】购进食用酒精2吨，取得增值税专用发票注明金额50000元，华悦酒业公司将购进的该批酒精全部用于生产“凝香”牌白酒并于当月销售4吨，含增值税销售价格113000元/吨。

【业务4】将自产“雅韵”牌白酒80吨用于投资入股E商贸公司、8吨用于抵偿所欠F公司原材料款、6吨用于换取G公司的酿酒设备、2吨用于换取H公司的包装设备。“雅韵”牌白酒不含增值税最高销售价格150000元/吨，不含增值税平均销售价格100000元/吨。

【已知】消费税比例税率为20%、定额税率为0.5元/500克。

【要求1】根据上述资料，计算该公司应纳消费税税额。

【要求2】根据上述资料，计算该公司应纳增值税税额。

【要求3】根据上述资料，不考虑其他因素，分析回答下列问题。

1. 计算华悦酒业公司当月销售自产“瑞香”牌白酒应缴纳消费税税额为（　　）元。

A.186000　　B.420000　　C.246000　　D.231000

2. 计算华悦酒业公司当月销售自产“逸云”牌白酒应缴纳消费税税额为（　　）元。

A.799000　　B.731200　　C.791000　　D.708000

3. 计算华悦酒业公司当月销售自产“凝香”牌白酒应缴纳消费税税额为（　　）元。

A.70000　　B.72000　　C.84000　　D.68000

4. 有关华悦酒业公司当月自产“雅韵”牌白酒消费税计税依据的下列表述中，正确的是（　　）。

A. 用于投资入股的 80 吨“雅韵”牌白酒，以每吨 150000 元的价格为计税依据

B. 用于抵偿原材料款的 8 吨“雅韵”牌白酒，以每吨 150000 元的价格为计税依据

C. 用于换取酿酒设备的 6 吨“雅韵”牌白酒，以每吨 100000 元的价格为计税依据

D. 用于换取包装设备的 2 吨“雅韵”牌白酒，以每吨 100000 元的价格为计税依据

［综合 4］

【资料】X 市金樽葡萄酒有限公司为增值税一般纳税人，主要从事葡萄酒的生产和销售业务。2024 年 10 月有关经营情况如下：

【业务 1】以自产 100 箱 A 品牌葡萄酒换入酿酒设备。该 A 品牌葡萄酒生产成本 1000 元 / 箱，含增值税平均单价 2260 元 / 箱，含增值税最高单价 2825 元 / 箱。

【业务 2】向 X 市自设非独立核算门市部移送 500 箱自产 B 品牌葡萄酒，B 品牌葡萄酒含增值税出厂价 1808 元 / 箱；该门市部对外销售 400 箱，含增值税单价 3729 元 / 箱。

【业务 3】受托为丙公司加工 C 品牌葡萄酒，收取含增值税加工费 36160 元；丙公司提供原材料成本 648000 元，金樽葡萄酒有限公司无同类葡萄酒销售价格。

【已知】葡萄酒消费税税率为 10%。

【要求 1】根据上述资料，计算该公司【业务 1】与【业务 2】应纳消费税税额。

【要求 2】根据上述资料，计算该公司【业务 3】代收代缴消费税税额。

【要求 3】根据上述资料，计算该公司应纳增值税税额。

【要求 4】根据上述资料，不考虑其他因素，分析回答下列问题。

1. 计算该公司当月以自产 A 品牌葡萄酒换入酿酒设备应缴纳消费税税额（　　）元

A.10000　　B.11000　　C.20000　　D.25000

2. 计算该公司当月 B 品牌葡萄酒应缴纳消费税税额（　　）元。

A.165000　　B.132000　　C.239560　　D.90400

3. 计算该公司当月受托加工 C 品牌葡萄酒应代收代缴消费税税额（　　）元。

A.76017.78　　B.74480　　C.75555.56　　D.68000

4. 该公司当月发生的下列业务中，应缴纳增值税的是（　　）。

A. 受托加工 C 品牌葡萄酒收取加工费

B. 以自产 A 品牌葡萄酒换入酿酒设备

C. 门市部对外销售 B 品牌葡萄酒

D. 向 X 市自设非独立核算门市部移送自产 B 品牌葡萄酒

[综合 5]

【资料】恒峰地板厂为增值税一般纳税人，主要从事实木地板的生产与销售业务。2024 年 6 月，其经营情况如下：

【业务 1】以预收款方式向丁公司销售 A 型实木地板。双方于 6 月 3 日签订销售合同，恒峰地板厂于 6 月 5 日收到丁公司全部货款，6 月 15 日发出该批地板，并于 6 月 20 日开具发票。

【业务 2】向戊公司销售 B 型实木地板，含增值税总售价为 339000 元，因戊公司为长期合作客户，给予折扣 33900 元（含增值税），且销售额和折扣额在同一张发票的金额栏内分别注明。

【业务 3】购进 C 型实木地板一批，取得增值税专用发票，不含增值税的采购价为 600000 元，本月将该批 C 型实木地板的 70% 加工成 D 型实木地板后全部对外销售，不含增值税的销售额为 1200000 元。

【业务 4】领用一批自产的 E 型实木地板用于捐赠给当地公益组织，领用一批自产的 A 型实木地板用于连续生产 B 型实木地板，将一批自产 B 型实木地板用于投资入股某家居企业。

【已知】消费税比例税率为 5%。

【要求 1】根据上述资料，计算该厂【业务 2】与【业务 3】应纳消费税税额。

【要求 2】根据上述资料，计算该厂【业务 2】与【业务 3】应纳增值税税额。

【要求 3】根据上述资料，不考虑其他因素，分析回答下列问题。

1. 恒峰地板厂以预收款方式销售的 A 型实木地板的消费税纳税义务发生时间为（　　）。

A.2024 年 6 月 3 日　　B.2024 年 6 月 5 日

C.2024 年 6 月 15 日　　D.2024 年 6 月 20 日

2. 恒峰地板厂向戊公司销售 B 型实木地板应确认的增值税销项税额（　　）元。

A.39000　　B.35100　　C.44070　　D.39663

3. 恒峰地板厂销售由外购 C 型实木地板加工的 D 型实木地板应纳消费税税额为（　　）元。

A.60000　　B.30000　　C.39000　　D.21000

4. 下列各项业务中，应当同时缴纳增值税和消费税的是（　　）。

A. 领用一批自产的 E 型实木地板用于捐赠给当地公益组织

B. 领用一批自产的 A 型实木地板用于连续生产 B 型实木地板

C. 将一批自产 B 型实木地板用于投资入股某家居企业

D. 领用一批自产的 E 型实木地板用于捐赠给当地公益组织和将一批自产 B 型实木地板用于投资入股某家居企业

［综合 6］

【资料】M 市紫彤化妆品企业为增值税一般纳税人，主要从事高档化妆品的制造和销售。2024 年 7 月有关业务如下：

【业务 1】销售自产高档化妆品，取得含税金额 847500 元，并收取包装费 2260 元。

【业务 2】将自产的成套化妆品用于抵偿债务，同类成套化妆品的平均不含税销售价格为 26000 元，最高不含税销售价格为 32000 元。

【业务 3】该企业委托位于县城的嘉盛化妆品加工厂加工一批高档香水精，紫彤化妆品企业提供的材料成本为 100000 元，并支付嘉盛加工厂不含税加工费 15000 元并取得增值税专用发票，嘉盛加工厂无同类应税消费品销售价格。

【业务 4】将委托加工收回的高档香水精的 80% 连续生产高档香水，当月全部销售，取得不含税销售额 150000 元。

【已知】高档化妆品消费税税率为 15%。

【要求 1】根据上述资料，计算该企业【业务 1】与【业务 2】应纳消费税税额。

【要求 2】根据上述资料，计算该企业【业务 3】代收代缴消费税税额。

【要求 3】根据上述资料，计算该企业应纳增值税税额。

【要求 4】根据上述材料，不考虑其他因素，分析回答下列问题。

1. 该企业销售自产高档化妆品应确认的增值税销项税额为（　　）元。

A.110175　　B.97760　　C.97500　　D.110468.8

2. 该企业将自产成套化妆品用于抵偿债务，下列关于增值税销项税额和消费税税额的计算列式中，正确的是（　　）。

A. 增值税销项税额 = 3380 元　　B. 增值税销项税额 = 4160 元

C. 消费税税额 = 3900 元　　D. 消费税税额 = 4800 元

3. 计算嘉盛化妆品加工厂代收代缴高档香水精的消费税税额为（　　）元。

A.17647.06　　B.15000　　C.20294.12　　D.17250

4. 计算该企业销售高档香水应纳消费税税额为（　　）元。

A.22500　　B.2205.88　　C.6264.71　　D.5250

［综合 7］

【资料】瑞驰汽车公司为增值税一般纳税人，主要从事汽车贸易及维修业务，2024 年 11 月有关经营情况如下：

【业务 1】进口一批商务车，海关审定的关税完税价格 380 万元，缴纳关税 76 万元，支付通关、商检费用 1.9 万元。

【业务 2】销售紧凑型轿车取得含增值税价款 339 万元，另收取提车价 11.3 万元。

【业务 3】维修汽车取得含增值税维修费 28.25 万元，其中工时费 11.3 万元、材料费 16.95 万元。

【已知】商务车的消费税税率为 5%，紧凑型轿车消费税税率为 1%。

【要求 1】根据上述资料，计算甲公司应纳消费税税额。

【要求 2】根据上述资料，计算甲公司应纳增值税税额。

【要求 3】根据上述资料，不考虑其他因素，分析回答下列问题。

1. 瑞驰公司进口商务车应缴纳消费税税额为（　　）万元。

A.24.1　　B.19.095　　C.24　　D.22.895

2. 瑞驰公司进口商务车应按照组成计税价格和规定税率计算增值税，下列各项中，应计入组成计税价格的是（　　）。

A. 关税计税价格　　B. 通关、商检费用　　C. 消费税　　D. 关税

3. 瑞驰公司销售紧凑型轿车增值税销项税额为（　　）万元。

A.40.469　　B.45.37　　C.45.539　　D.40.3

4. 瑞驰公司维修汽车增值税销项税额为（　　）万元。

A.3.25　　B.2.2035　　C.1.469　　D.3.6725

［综合 8］

【资料】安勤汽车生产企业为增值税一般纳税人，拥有生产和销售汽车资质。2024 年 10 月有关经营情况如下：

【业务 1】零售外购的超豪华小汽车 3 辆给消费者，取得含增值税销售额 500 万元，同时收取优质费 10 万元。

【业务 2】以分期收款方式销售自产 A 型小汽车 10 辆给丙企业，含税总价款为 565 万元。按照合同约定，丙企业应于本月支付总价款的 60%，余款下月末付清。但截至本月末甲汽车生产企业实际仅收到 226 万元。

【业务 3】将自产的 1 辆 B 型小汽车奖励给高级管理人员，该辆小汽车生产成本为 16 万元，无同类销售价格。

【业务 4】进口一批高尔夫车用于对外销售，取得海关进口增值税专用缴款书注明税额 10 万元；购进电视机用于职工俱乐部，取得增值税专用发票注明税额 3 万元；购进用于招待客户的餐饮娱乐服务，取得增值税普通发票注明税额 5 万元；购买一处土地使用权用于扩大经营规模，取得增值税专用发票上注明税额 20 万元。

【已知】小汽车生产环节消费税税率为 12%，超豪华小汽车零售环节消费税税率为 10%，成本利润率为 8%，取得的扣税凭证符合抵扣规定。

【要求 1】根据上述资料，计算该企业应纳消费税税额。

【要求 2】根据上述资料，计算该企业应纳增值税税额。

【要求 3】根据上述资料，不考虑其他因素，分析回答下列问题。

1. 计算该企业零售超豪华小汽车应缴纳消费税税额为（　　）万元。

A.44.25　　B.45.25　　C.50.88　　D.45.13

2. 计算该企业以分期收款方式销售 A 型小汽车当月增值税销项税额为（　　）万元。

A.65　　B.26　　C.39　　D.44.07

3. 计算该企业奖励给高级管理人员的 B 型小汽车应缴纳消费税税额为（　　）万元。

A.2.36　　B.2.18　　C.1.84　　D.2.07

4. 该企业的下列进项税额中，准予从销项税额中抵扣的是（　　）。

A. 进口高尔夫车的进项税额 10 万元　　B. 购进电视机的进项税额 3 万元

C. 购进餐饮娱乐服务的进项税额 5 万元　　D. 购买土地使用权的进项税额 20 万元

［综合 9］

【资料】瑞兴体育用品公司作为增值税一般纳税人，在高尔夫球及球具领域开展生产经营活动。2024 年 5 月，公司发生如下业务：

【业务 1】进口一批皮革，海关核定的关税完税价格为 8 万元，需缴纳关税 0.56 万元。凭借相关手续，取得海关进口增值税专用缴款书，上面注明的税款为 1.1128 万元。

【业务 2】将进口的皮革委托给宏业皮具加工厂进行加工，共加工高尔夫球袋 150 个。为此，支付给宏业皮具加工厂加工费 3 万元，同时取得宏业皮具加工厂开具的增值税专用发票，发票上注明的税额为 0.39 万元。宏业皮具加工厂当月同类高尔夫球袋不含增值税的售价为每个 0.22 万元。

【业务 3】将委托宏业皮具加工厂加工完成的 150 个高尔夫球袋，全部销售给了华悦体育器材经销商，不含增值税的销售额达到 40 万元。在运输这批货物过程中，取得运输公司开具的增值税专用发票，上面注明的税额为 0.4 万元。

【业务 4】当月瑞兴体育用品公司购进生产模具，从供应商处取得增值税专用发票，发票上注明的税额为 1.02 万元。

【已知】高尔夫球及球具的消费税税率为 10%，取得扣税凭证均合法有效，并于当月抵扣。

【要求 1】根据上述资料，计算该企业销售高尔夫球袋应纳消费税税额。

【要求 2】根据上述资料，计算该企业进口环节应纳增值税税额。

【要求 3】根据上述资料，计算该企业应纳增值税税额。

【要求 4】根据上述资料，不考虑其他因素，分析回答下列问题。

1. 有关瑞兴体育用品公司当月委托加工的高尔夫球袋的消费税，下列表述正确的是（　　）。

A. 该业务消费税的纳税人为瑞兴体育用品公司

B. 该业务由瑞兴体育用品公司代收代缴消费税

C. 该业务消费税的纳税人为宏业皮具加工厂

D. 该业务由宏业皮具加工厂代收代缴消费税

2. 该企业销售高尔夫球袋应纳消费税税额为（　　）万元。

A.0.7　　B.3.54　　C.2.38　　D.2.84

3. 瑞兴体育用品公司的下列进项税额中，准予从销项税额中抵扣的是（　　）。

A. 进口皮革的进项税额 1.1128 万元

B. 委托加工支付加工费的进项税额 0.39 万元

C. 支付运费的进项税额 0.4 万元

D. 购进生产模具的进项税额 1.02 万元

4. 计算瑞兴体育用品公司当月应向税务机关缴纳的增值税税额为（　　）万元。

A.2.27　　B.3.69　　C.3.18　　D.3.10

［综合 10］

【资料】鸿顺卷烟厂为增值税一般纳税人，主要从事卷烟和电子烟产品的生产和销售，持有电子烟注册商标。2024 年 6 月发生如下经济业务：

【业务 1】将库存成本 100 万元的烟叶委托志邦卷烟厂加工成烟丝，支付不含税加工费 10 万元；已知甲烟厂同类烟丝不含税售价 220 万元，乙厂同类烟丝不含税售价 210 万元。

【业务 2】领用收回的全部烟丝继续生产卷烟 300 箱；当月卷烟全部对外销售，取得不含税销售额 1000 万元。

【业务 3】销售持有商标的电子烟给电子烟批发企业，取得不含增值税销售额为 100 万元；委托经销商丙公司销售同一电子烟产品，丙公司销售给电子烟批发企业取得不含增值税销售额为 120 万元。

【已知】电子烟消费税税率为 36%；烟丝消费税税率为 30%；卷烟消费税比例税率为 56%，定额税率为 0.003 元 / 支，每标准箱 250 标准条，每标准条 200 支卷烟。

【要求 1】根据上述资料，计算志邦卷烟厂代收代缴消费税税额。

【要求 2】根据上述资料，计算该厂应纳消费税税额。

【要求 3】根据上述资料，计算该厂应纳增值税税额。

【要求 4】根据上述资料，不考虑其他因素，分析回答下列问题。

1. 该厂委托加工烟丝，受托方志邦卷烟厂应当代收代缴的消费税税额为（　　）万元。

A.66　　B.47.14　　C.63　　D.25.38

2. 关于该厂当月的各项业务，下列表述正确的是（　　）。

A. 委托加工收回的已税烟丝用于连续生产卷烟可以抵扣已纳的消费税

B. 委托加工收回的已税烟丝用于连续生产卷烟不得抵扣已纳的消费税

C. 委托加工收回烟丝继续生产的卷烟对外销售时不征收消费税

D. 委托加工收回烟丝继续生产的卷烟对外销售时征收消费税

3. 该厂当月销售卷烟应缴纳消费税税额为（　　）万元。

A.497　　B.564.5　　C.560　　D.501.5

4. 计算该厂销售和委托丙公司销售电子烟缴纳消费税为（　　）万元。

A.36　　B.39.6　　C.43.2　　D.79.2

［综合 11］

【资料】星耀公司为增值税一般纳税人，主要从事化妆品的生产与销售业务。2024 年 11 月有关经营情况如下：

【业务 1】受托加工一批高档精华液，委托方提供价值 340000 元的原材料，收取不含增值税加工费 85000 元，其中包含代垫的辅助材料 4250 元，星耀公司无同类高档精华液的销售价格。该批高档精华液当月加工完成并全部交付。

【业务 2】销售自产一批高档遮瑕膏，取得不含增值税销售额 5100000 元；销售舞台表演用的油彩一批，取得不含增值税销售额 102000 元。

【业务 3】购进生产用原材料，取得增值税专用发票注明税额 603000 元；购进健身器材一套用于职工活动室，取得增值税专用发票注明税额 9600 元；购进用于宴请客户的餐饮服务，取得增值税普通发票注明税额 3000 元；购进一项化妆品包装的设计服务，取得增值税专用发票注明税额 4000 元。

【已知】高档化妆品消费税税率为 15%，取得扣税凭证均符合规定，并于当月抵扣。

【要求 1】根据上述资料，计算该公司【业务 1】代收代缴消费税税额。

【要求 2】根据上述资料，计算该公司【业务 2】应纳消费税税额。

【要求 3】根据上述资料，计算该公司应纳增值税税额。

【要求 4】根据上述资料，不考虑其他因素，分析回答下列问题。

1. 计算该公司受托加工高档精华液应代收代缴消费税税额为（　　）元。

A.72375　　B.63750　　C.63037.5　　D.75000

2. 计算该公司当月销售化妆品应缴纳消费税税额为（　　）元。

A.900000　　B.894117.65　　C.780300　　D.765000

3. 计算该公司当月增值税销项税额为（　　）元。

A.731510　　B.687372.5　　C.737487.5　　D.687310

4. 该公司的下列进项税额中，准予从销项税额中抵扣的是（　　）。

A. 购进生产用原材料的进项税额 603000 元

B. 购进健身器材的进项税额 9600 元

C. 购进餐饮服务的进项税额 3000 元

D. 购进化妆品包装设计服务的进项税额 4000 元

［综合 12］

【企业概况】

（1）企业名称：上海南方酒业股份有限公司。

（2）企业性质：股份有限公司。

（3）企业地址及电话：上海市光武路 88 号，888XX66。

（4）企业所属行业：工业企业。

（5）开户银行及账号：工商银行上海青浦支行，121907656710×××。

（6）纳税人识别号：101000000001。

【资料】上海南方酒业股份有限公司是增值税一般纳税人，公司生产 ABC 牌系列粮食白酒、ABC 牌薯类白酒、酒精及 ABC 牌啤酒。白酒的包装规格为每箱 12 瓶，每瓶 1 斤。2026 年 1 月发生下列业务：

【业务 1】1 月 1 日向甲公司销售粮食白酒 2000 箱，不含税单价为 240 元 / 箱，开出增值税专用发票一张，注明价款为 480000 元，增值税为 62400 元。另收取包装费 4520 元，开出普通发票一张。收到银行承兑汇票一张，金额为 546920 元。货物已于当天发出。

【业务2】1月5日向乙公司销售粮食白酒1000箱，不含税单价为260元/箱，开出一张增值税专业发票，注明价款为260000元，增值税为33800元；薯类白酒600箱，不含税单价为150元/箱．开出了一张增值税专用发票，注明价款为90000元，增值税为11700元。当天发出货物，并办妥了托收承付手续。

【业务3】1月8日向C酒厂销售酒精3吨，不含税单价为6000元/吨，开出增值税专用发票，注明价款为18000元，增值税为2340元。以银行存款支付代垫运费2000元，款项尚未收到。

【业务4】1月12日为庆祝“五一”，将本厂生产的粮食白酒200箱，确定的计税价格为250元/箱，作为福利物资发给职工。

【业务5】1月21日销售酒精10吨给某养殖场，共取得销售收入22600元，款项已经收到。

【业务6】1月26日向丙公司销售啤酒20吨，开出增值税专用发票五张，共计金额58000元，增值税为7540元；收取押金300元/吨。价税款及押金均已收到。另外将0.5吨啤酒让客户免费品尝。该啤酒不含税单价为3000元/吨，成本为1000元/吨。

【业务7】1月28日上缴上月应缴消费税税额250000元。

【已知】白酒消费税比例税率为20%，定额税率为0.5元/500克。甲类啤酒适用的消费税税额为250元/吨，乙类啤酒适用的消费税税率为220元/吨。

【要求1】根据上述资料，计算上海南方酒业股份有限公司应纳消费税税额。

【要求2】根据上述资料，计算上海南方酒业股份有限公司应纳增值税税额。

【要求3】根据上述资料，编制相关会计分录。

【要求 4】根据上述资料，填写消费税纳税及附加税费申报表。

消费税及附加税费申报表

税款所属期：自　　年　　月　　日至　　年　　月　　日

纳税人识别号（统一社会信用代码）：□□□□□□□□□□□□□□□□□□□□

纳税人名称：　　　　　　　　　　　　　　　　金额单位：　　元（列至角分）

项目 应税 消费品名称	适用税率		计量单位	本期销售数量	本期销售额	本期应纳税额
	定额税率	比例税率				
	1	2	3	4	5	6＝1×4+2×5
白酒	0.5 元 /500 克（毫升）	20%	500 克	45600	884000	199600
甲类啤酒	250 元 / 吨		吨	20.5		5125
合计	——	——	——	——	——	204725

	栏次	本期税费额
本期减（免）税额	7	
期初留抵税额	8	
本期准予扣除税额	9	
本期应扣除税额	10	
本期实际扣除税额	11	
期末留抵税额	12	
本期预缴税额	13	
本期应补（退）税额	14	
城市维护建设税本期应补（退）税额	15	
教育费附加本期应补（退）费额	16	
地方教育附加本期应补（退）费额	17	

声明：此表是根据国家税收法律法规及相关规定填写的，本人（单位）对填报内容（及附带资料）的真实性、可靠性、完整性负责。

纳税人（签章）：　　　　年　月　日

经办人： 经办人身份证号：310×××××××× 代理机构签章： 代理机构统一社会信用代码：	受理人：张霞 受理税务机关（章）： 受理日期：　　年　月　日

第四章　关税认知

学情解密

学习指南

关税措施体现一国对外贸易政策，关税税率高低，影响着一国经济和对外贸易的发展。关税通过收税抬高进口商品的价格，降低其市场竞争力，减少在市场上对本国产品的不良影响，关税有着保护本国生产的作用。通过本章的学习，全面了解关税具体征税规定，并能应用税收政策对涉税业务进行税务处理，学习过程中应关注关税与增值税、消费税的联系。

知识框架

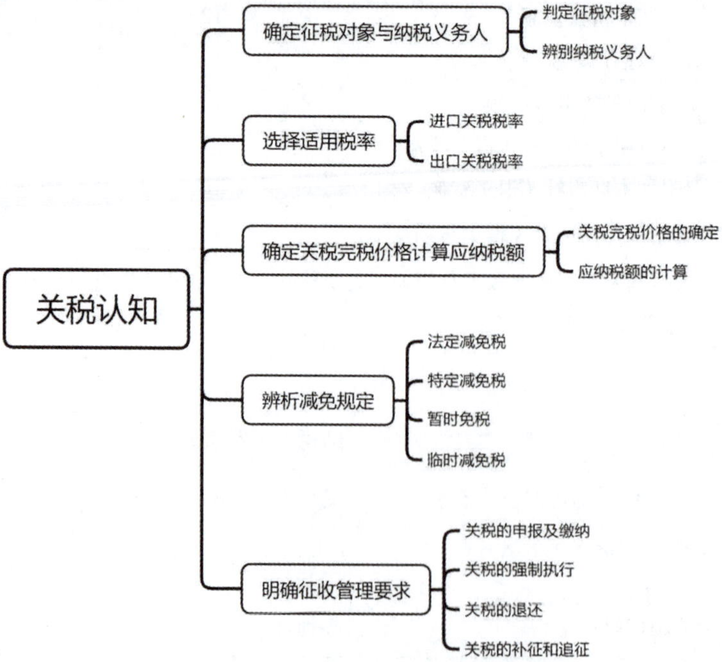

学习目标

◆ 知识目标

1. 辨认关税纳税义务人；
2. 根据不同业务选择适用税率；
3. 根据不同业务确定关税完税价格。

◆ 技能目标

1. 计算一般进口货物的完税价格；
2. 计算特殊进口货物的完税价格；
3. 计算关税应纳税额。

◆ 情感目标

1. 培养学生树立国家经济安全意识，正确看待关税的作用；
2. 引导学生关注关税对国际贸易与产业发展的影响，增强经济敏感性；
3. 培养学生全球视野，强化国际合作意识，共促经济发展。

温馨提示

1. 关税的政策规定在货物与劳务税中占有重要地位，重要性主要体现于关税与主体税（增值税、消费税）、非主体税（车辆购置税）存在密切联系，关税应纳税额计算的正确与否直接影响后续其他税种的计算。因此在学习过程中，应注重关税政策与其他税种之间的关联性。

2. 关税的特殊政策较多，应区分不同涉税业务的关税税务处理方式。

知识要点与例题

要点1：关税的税率

1. 税率类别： 普通税率、最惠国税率、协定税率、特惠税率、关税配额税率和暂定税率。

2. 税率选择标准： 适用何种关税税率是以进口货物的原产地为标准的。

3. 最惠国税率： 原产我国的进口货物，按照最惠国税率征税。

【例题】

【单选题】进口原产于我国境内的货物，适用的关税税率是（　　）。

A. 最惠国税率　　B. 特惠税率　　C. 协定税率　　D. 普通税率

【正确答案】A

【答案解析】原产于我国的进口货物，适用最惠国税率。

要点 2：应纳税额计算

1. 从价税： 应纳税额 = 应税进（出）口货物数量 × 单位完税价格 × 适用税率

2. 从量税： 应纳税额 = 应税进口货物数量 × 关税单位税额

3. 复合税： 应纳税额 = 应税进口货物数量 × 关税单位税额 + 应税进口货物数量 × 单位完税价格 × 适用税率

4. 滑准税： 应纳税额 = 应税进（出）口货物数量 × 单位完税价格 × 滑准税税率

【例题】

【单选题】2024 年 10 月甲汽车厂从境外乙公司进口一批滚动轴承，该批滚动轴承的货价为 4600 万元，运抵我国关境内输入地点起卸前的运费及保险费 276 万元，已知关税税率为 8%，计算甲汽车厂上述业务应缴纳关税税额的下列算式中，正确的是（　　）。

A.（4600 + 276）× 8% = 390.08（万元）　　B. 4600 ÷（1 − 8%）× 8% = 400（万元）

C. 4600 × 8% = 368（万元）　　D.（4600 − 276）× 8% = 345.92（万元）

【正确答案】A

【答案解析】关税应纳税额 =（4600 + 276）× 8% = 390.08（万元）。

强化训练

单选题

1. 甲企业进口一辆小汽车自用，海关核定的关税完税价格为 72 万元，已缴纳关税

10.8万元、消费税27.6万元。甲企业进口该小汽车的车辆购置税计税价格为（　　）万元。

A. 82.8　　B. 110.4　　C. 99.6　　D. 72

2. 甲建筑公司，2024年因施工作业导致产生的工业噪声超标16分贝以上，其中5月超标天数为12天，6月超标天数为22天，已知工业噪声超标16分贝以上每月税额为11200元，则甲建筑公司应纳环境保护税为（　　）元。

A. 12693.33　　B. 22400　　C. 16800　　D. 8213.33

3. 根据关税法律制度的规定，下列不属于关税纳税人的是（　　）。

A. 外贸出口公司　　B. 工贸或农贸结合的进口公司

C. 经营出口货物的收货人　　D. 个人邮递物品的收件人

4. 根据关税法律制度的规定，下列各项中，按复合税率征收关税的是（　　）。

A. 啤酒　　B. 汽车　　C. 原油　　D. 摄像机

5. 下列关于出口货物关税完税价格的计算公式中，正确的是（　　）。

A. 关税完税价格＝离岸价格÷（1－出口税率）

B. 关税完税价格＝离岸价格÷（1＋出口税率）

C. 关税完税价格＝离岸价格×（1－出口税率）

D. 关税完税价格＝离岸价格×（1＋出口税率）

6. 2024年9月甲公司进口生产设备一台，海关审定的货价45万元，运抵我国关境内输入地起卸前的运费4万元、保险费2万元。已知关税税率为10%。计算甲公司应纳关税税额为（　　）万元。

A. 5.1　　B. 5　　C. 4.3　　D. 4.1

7. 甲公司将一台设备运往境外修理，出境前向海关报关出口并在海关规定期限内复运进境，该设备经修理后的市场价格为500万元，经海关审定的修理费和料件费分别为15万元和20万元，计算甲公司该设备复运进境时进口关税完税价格为（　　）万元。

A. 485　　B. 465　　C. 535　　D. 35

8. 根据关税法律制度的规定，对原产于与我国签订含有特殊关税优惠条款的贸易协定的国家或地区的进口货物，适用特定的关税税率。该税率为（　　）。

A. 普通税率　　B. 协定税率　　C. 特惠税率　　D. 最惠国税率

9. 根据关税法律制度的规定，下列应纳税额计算方法中，税率随着进口商品价格的变动而反方向变动的是（　　）。

A. 从价税计算方法　　B. 复合税计算方法

C. 从量税计算方法　　D. 滑准税计算方法

10. 下列各项中，海关可以酌情减免关税的是（　　）。

A. 进出境运输工具装载的途中必需的燃料、物料和饮食用品

B. 无商业价值的广告品及货样

C. 国际组织无偿赠送的物资

D. 在境外运输途中遭到损坏的进口货物

多选题

1. 下列各项中，属于关税纳税人的有（　　）。

A. 进口货物的收货人　　B. 进口货物的代理人

C. 出口货物的发货人　　D. 个人邮递物品的发件人

2. 根据关税法律制度的规定，下列进口货物中，实行复合计征关税的有（　　）。

A. 原油　　B. 广播用摄像机　　C. 广播用放像机　　D. 啤酒

3. 根据关税法律制度的规定，一般贸易项下进口的货物以海关审定的成交价格为基础的到岸价格作为完税价格。下列有关成交价格的表述中，不正确的有（　　）。

A. 在货物成交过程中，向境外采购代理人支付的买方佣金，应计入成交价格，如已包括在成交价格中不需要扣除

B. 在货物成交过程中，进口人在成交价格外另支付给卖方的佣金，应计入成交价格

C. 卖方付给进口人的正常回扣，应计入成交价格

D. 卖方违反合同规定延期交货的罚款，可以从成交价格中扣除

判断题

1. 租赁方式进境的货物，以海关审查确定的货物租金作为关税完税价格。

2. 对从境外采购进口的原产于中国境内的货物不征收进口关税。

3. 进口货物适用的关税税率是以进口货物进口地为标准的。

4. 在进口货物成交过程中，卖方付给进口人的正常回扣，在计算进口货物完税价格时不得从成交价格中扣除。

5. 因故退还的中国出口货物，应征收进口关税。

第五章　企业所得税认知

学情解密

学习指南

企业所得税作为我国第二大主体税种，对国家筹集税收收入作出重大贡献。企业所得税是贯彻国家产业政策和社会政策的主要政策工具，可以实现对于不同行业、不同经济主体的差异化调节和调节目标的实现。通过本章的学习，全面了解企业所得税具体征税规定，并能应用税收政策对涉税业务进行税务处理，学习过程中应关注税会处理的差异，加强与其他主体税、非主体税的联系。

知识框架

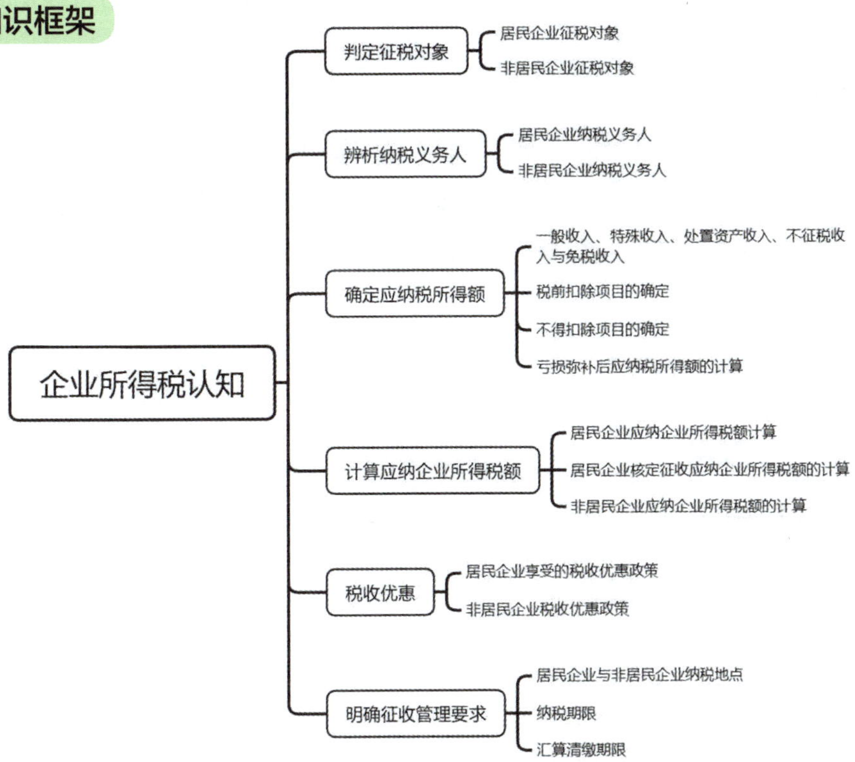

学习目标

◆ 知识目标

1. 运用纳税人标准识别居民企业与非居民企业；

2. 根据不同业务和纳税人，选择企业所得税税率；

3. 辨别不征税收入与免税收入；

4. 辨别税前扣除项目与不得扣除项目。

◆ 技能目标

1. 判别职工福利费、工会经费、职工教育经费、业务招待费、广告宣传费、公益性捐赠支出等调整事项的税会差异，计算纳税调整额和应纳税所得额；

2. 运用亏损弥补原则计算亏损弥补后的应纳税所得额；

3. 运用“直接计算法”与“间接计算法”计算居民企业应纳税所得额与应纳所得税税额；

4. 根据税收优惠的享受条件计算应纳税所得额。

◆ 情感目标

1. 正确认识企业所得税推动经济发展、产业行业发展中的重大作用；

2. 积极关注企业所得税税收优惠政策对小微企业发展的影响和积极效应；

3. 加强建立自主创新意识，充分运用企业所得税税收政策助力企业可持续发展。

温馨提示

1. 应纳税所得额计算是企业所得税税务处理的基础，引导学生善于寻找会计处理与税务处理的差异，将财务会计学科内容与税法政策规定有机衔接，根据差异类型，明晰纳税调整方式，对学生会计核算提出了一定的要求。

2. 企业所得税涉税业务类型繁多，在教学过程中应对涉税业务进行合理分类，加强区分成本、费用、税金、损失的扣除方式（据实扣除、限额扣除等），确保税额计算结果的准确性。

3. 在学生已具备企业所得税税务处理基本能力前提下，可适当加强企业所得税与主体税、非主体税的关联性，有利于提升跨税种综合税务处理能力。

知识要点与例题

要点 1：企业所得税纳税义务人

1. 居民企业

（1）境内依法成立的企业；

（2）依照外国（地区）法律成立但实际管理机构在境内的企业（两者满足其一即可）。

2. 非居民企业

（1）依照外国（地区）法律成立且实际管理机构不在中国境内，但在中国境内设立机构、场所的企业；

（2）依照外国（地区）法律成立且实际管理机构不在中国境内，也未设立机构、场所，但有来源于境内所得的企业。

【例题】

【多选题】根据企业所得税法律制度的规定，下列企业中，属于居民企业的有（　　）。

A. 依照外国法律成立，实际管理机构在中国境内的丙公司

B. 依法在中国境内设立的乙外资公司

C. 依照外国法律成立，实际管理机构不在中国境内但有来源于境内所得的丁公司

D. 依法在中国境内设立的甲合伙企业

【正确答案】AB

【答案解析】居民企业，是指依法在中国境内成立的企业或者依照外国（地区）法律成立但实际管理机构在中国境内的企业。依照中国法律、行政法规成立的个人独资企业、合伙企业不属于企业所得税纳税人，不缴纳企业所得税。

要点 2：工资薪金及三项经费的纳税调整

1. 企业发生的合理的工资、薪金支出

准予扣除。

2. 三项经费

（1）企业发生的职工福利费支出，不超过工资、薪金总额 14% 的部分，准予扣除。

（2）企业拨缴的工会经费，不超过工资、薪金总额 2% 的部分，准予扣除。

（3）企业发生的职工教育经费支出，不超过工资、薪金总额 8% 的部分，准予在计算企业所得税应纳税所得额时扣除；超过部分，准予在以后纳税年度结转扣除。

【例题】

【单选题】甲公司 2024 年度发生合理的工资薪金支出 1000 万元，发生职工福利费支 150 万元，拨缴工会经费 21 万元，发生职工教育经费支出 75 万元。上年度结转未扣除的职工教育经费支出 13 万元。已知发生的职工福利费支出、拨缴的工会经费、发生的职工教育经费支出分别在不超过工资薪金总额 14%、2%、8% 的部分，准予扣除。在计算甲公司 2024 年企业所得税应纳税所得额时，准予扣除的职工福利费支出、工会经费和职工教育经费支出合计金额为（　　）万元。

A. 235　　B. 259　　C. 240　　D. 250

【正确答案】C

【答案解析】工会经费的税前扣除限额 20 万元，税前准予扣除 20 万元。职工教育经费的税前扣除限额 80 万元，当年实际发生的 75 万元，上年结转的职工教育经费 13 万元，合计 88 万元，税前准予扣除 80 万元。职工福利费的税前扣除限额 = 140 万元，税前准予扣除 140 万元。

要点 3：公益性捐赠支出的纳税调整

1. 企业当年发生以及以前年度结转的公益性捐赠支出

不超过年度利润总额 12% 的部分，在计算应纳税所得额时准予扣除；超过年度利润总额 12% 的部分，准予结转以后 3 年内在计算应纳税所得额时扣除。

2. 年度利润总额

年度利润总额是指企业依照国家统一会计制度的规定计算的年度会计利润（不扣除税法允许弥补的以前年度亏损）。

3. 企业对公益性捐赠支出计算扣除时

应先扣除以前年度结转的捐赠支出，再扣除当年发生的捐赠支出。

【例题】

【单选题】甲公司 2024 年度利润总额为 3000 万元，当年通过公益性社会团体捐赠 200 万元用于救助灾害，直接向某小学捐款 120 万元，准予结转的上年度未在税前扣除的公益性捐赠支出 100 万元。已知企业当年发生以及以前年度结转的公益性捐赠支出，不超过年度利润总额 12% 的部分，准予在计算企业所得税应纳税所得额时扣除。在计算甲公司 2024 年度企业所得税应纳税所得额时，准予扣除的公益性捐赠支出为（　　）万元。

A. 300　　B. 360　　C. 320　　D. 420

【正确答案】A

【答案解析】直接捐赠的 120 万元不得扣除；公益性捐赠支出扣除限额 = 360 万元，当年准予扣除的公益性捐赠支出为 300 万元。

要点 4：业务招待费的纳税调整

企业发生的与生产经营活动有关的业务招待费支出，按照发生额的 60% 扣除，但最高不得超过当年销售（营业）收入的 5‰。

【例题】

【单选题】甲公司 2024 年取得咨询服务收入 1000 万元，持有债券取得利息收入 20 万元，发生与生产经营活动有关的业务招待费支出 15 万元。已知在计算企业所得税应纳税所得额时，业务招待费支出按照发生额的 60% 扣除，但最高不得超过当年销售（营业）收入的 5‰。甲公司在计算 2024 年度企业所得税应纳税所得额时，准予扣除的业务招待费支出为（　　）万元。

A. 5　　B. 5.1　　C. 15　　D. 9

【正确答案】A

【答案解析】持有债券取得利息收入不属于销售（营业）收入的范畴。业务招待费支出发生额的 60% = 15 × 60% = 9 万元，税前准予扣除的业务招待费支出为 5 万元。

要点 5：广告费和业务宣传费的纳税调整

企业发生的符合条件的广告费和业务宣传费支出，除国务院财政、税务主管部门另有规定外，不超过当年销售（营业）收入 15% 的部分，准予扣除；超过部分，准予在以后纳税年度结转扣除。

【例题】

【单选题】甲公司 2024 年度取得销售收入 8000 万元，发生符合条件的广告费支出 1000

万元，上年度未在税前扣除的符合条件的广告费和业务宣传费支出300万元。已知广告费和业务宣传费支出不超过当年销售（营业）收入15%的部分，准予扣除。在计算甲公司2024年度企业所得税应纳税所得额时，准予扣除的广告费和业务宣传费支出为（　　）万元。

A. 1200　　B. 700　　C. 1300　　D. 1000

【正确答案】A

【答案解析】上年结转的广宣费300万元，本年广告费的实际发生额为1000万元，合计为1000 + 300 = 1300万元，扣除限额 = 1200万元，准予扣除的广宣费为1200万元。

强化训练

单选题

1. 企业所得税的纳税人为在中华人民共和国境内的（　　）。

A. 企业和其他取得收入的组织　　B. 个人独资企业

C. 合伙企业　　D. 个体工商户

2. 根据企业所得税法律制度的规定，对高新技术企业，优惠税率为（　　）。

A. 10%　　B. 15%　　C. 20%　　D. 25%

3. 下列各项中不属于企业所得税税率的是（　　）。

A. 基本税率　　B. 低税率　　C. 优惠税率　　D. 零税率

4. 企业所得税的征税对象不包括（　　）。

A. 生产经营所得　　B. 其他所得　　C. 偶然所得　　D. 清算所得

5. 根据企业所得税法律制度的规定，下列关于企业所得税纳税人的表述中，正确的是（　　）。

A. 依照外国法律成立但实际管理机构在境内的企业均属于居民企业

B. 依照外国法律成立且在中国境内未设立机构、场所的企业均属于非居民企业

C. 依照外国法律成立但在中国境内设立机构、场所的企业均属于非居民企业

D. 依法在我国境内成立但实际管理机构在境外的企业均属于非居民企业

6. 根据企业所得税法律制度的规定，在我国境内设立了机构、场所的非居民企业取得的下列所得中，不需要在我国缴纳企业所得税的是（　　）。

A. 取得与所设机构、场所没有实际联系的境外所得

B. 取得与所设机构、场所有实际联系的境外所得

C. 取得与所设机构、场所没有实际联系的境内所得

D. 取得与所设机构、场所有实际联系的境内所得

7. 根据企业所得税法律制度的规定，下列关于确认收入实现时间的表述中，正确的是（　　）。

A. 股息、红利等权益性投资收益，按照合同约定的被投资方应付股息、红利的日期确认收入的实现

B. 特许权使用费收入，按照取得特许权使用费的日期确认收入的实现

C. 销售安装程序比较简单的商品，可在发出商品时确认收入的实现

D. 采取产品分成方式取得收入的，按照企业作出分成决定的日期确认收入的实现

8. 企业取得的货币性收入不包括（　　）。

A. 现金和银行存款　　B. 应收账款　　C. 应收票据　　D. 存货

9. 根据企业所得税法律制度的规定，关于销售商品收入实现时间确认的下列表述中，不正确的是（　　）。

A. 商品需要安装和检验的，在购买方接受商品以及安装和检验完毕时确认收入

B. 采用分期收款方式的，按照合同约定的收款日期确认收入

C. 采用托收承付方式的，在办妥托收手续时确认收入

D. 采用预收款方式的，在收到预收款时确认收入

10. 企业的收入总额包括（　　）。

A. 销售货物收入　　B. 提供劳务收入

C. 转让财产收入　　D. 以上三项都是

11. 根据企业所得税法律制度的规定，下列关于确定所得来源地的表述中，不正确的是（　　）。

A. 转让动产所得，按照转让动产的企业所在地确定

B. 特许权使用费所得，按照负担、支付所得的企业所在地确定

C. 不动产转让所得，按照转让不动产的企业所在地确定

D. 提供劳务所得，按照劳务发生地确定

12. 企业取得的下列收入中，属于非货币形式收入的是（　　）。

A. 收到债务人用于抵偿货款的一台运输设备

B. 零售商品取得的现金

C. 准备持有至到期的债券

D. 销售办公用品取得的商业汇票

13. 根据企业所得税法律制度的规定，企业取得的下列收入中，属于非货币形式收入的是（　　）。

A. 取得抵偿货款的固定资产　　B. 销售货物取得现金支票

C. 提供劳务取得银行汇票　　D. 租赁厂房取得银行本票

14. 下列收入中为不征税收入的是（　　）。

A. 国债利息收入

B. 财政拨款

C. 符合条件的居民企业之间的股息、红利等权益性投资收益

D. 在中国境内设立机构、场所的非居民企业从居民企业取得与该机构、场所有实际联系的股息、红利等权益性投资收益

15. 根据企业所得税法律制度的规定，县级以上人民政府将国有资产无偿划入企业，凡指定专门用途并按规定进行管理的，企业可以作为不征税收入进行税务处理，如果该资产属于非货币性资产，应按政府确定的（　　）计算不征税收入。

A. 公允价值　　B. 接收价值　　C. 成本价格　　D. 市场价格

16. 2024 年 8 月，甲电子公司（增值税一般纳税人）销售一批产品，含增值税价格 45.2 万元。由于购买数量多，甲电子公司给予购买方 9 折优惠。已知增值税税率为 13%，甲电子公司在计算企业所得税应纳税所得额时，应确认的产品销售收入为（　　）万元。

A. 40　　B. 40.68　　C. 45.2　　D. 36

17. 根据企业所得税法律制度的规定，关于确认收入实现时间的下列表述中，正确的是（　　）。

A. 销售商品采用托收承付方式的，在签订合同时确认

B. 销售商品采用支付手续费方式委托代销的，在销售时确认

C. 销售商品采用预收款方式的，在发出商品时确认

D. 销售商品需要安装的，在商品发出时确认

18. 根据企业所得税法律制度的规定，下列业务中，不属于视同销售货物的是（　　）。

A. 甲企业将外购服装用于捐赠

B. 乙企业自产食用油用于职工福利

C. 丙企业领用原材料用于生产产品

D. 丁企业将外购设备用于偿还债务

19.《中华人民共和国企业所得税法》规定了下列不得扣除的项目是（　　）。

A. 成本　　B. 罚金　　C. 费用　　D. 税金

20. 根据企业所得税法律制度的规定，企业缴纳的下列各项税费中，不得在计算企业所得税应纳税所得额时扣除的是（　　）。

A. 销售货物缴纳的增值税　　B. 生产经营厂房缴纳的房产税

C. 购买土地使用权缴纳的契税　　D. 订立买卖合同缴纳的印花税

21. 根据企业所得税法律制度的规定，下列各项中在计算企业所得税应纳税所得额时准予扣除的是（　　）。

A. 被没收财物的损失　　B. 缴纳的公众责任险

C. 未经核定的准备金支出　　D. 非广告性质的赞助支出

22. 2024 年度甲公司发生合理的工资、薪金支出 300 万元，发生职工教育经费支出 3 万元，上年度未在税前扣除的职工教育经费支出 22 万元。在计算甲公司 2024 年度企业所得税应纳税所得额时，准予扣除的职工教育经费支出为（　　）万元。

A. 25　　B. 24　　C. 3　　D. 46

23. 2024 年度甲公司发生合理的工资、薪金支出 600 万元，发生职工福利费支出 80 万元，拨缴工会经费 16 万元，职工教育经费支出 6 万元，上年度未在税前扣除的职工教育经费支出 24 万元。在计算甲公司 2024 年度企业所得税应纳税所得额时，准予扣除的职工福利费支出、工会经费和职工教育经费支出的合计金额是（　　）万元。

A. 102　　B. 126　　C. 122　　D. 144

24. 甲公司 2024 年度发生合理的工资、薪金支出 1000 万元，发生职工福利费支出 180 万元，拨缴工会经费 16 万元，发生职工教育经费支出 96 万元。计算甲公司 2024 年企业所得税应纳税所得额时，准予扣除的职工福利费支出、工会经费和职工教育经费支出的合计金额为（　　）万元。

A. 240　　B. 292　　C. 236　　D. 252

25. 某公司 2024 年度支出合理的工资薪金总额 1000 万元，按规定标准为职工缴纳基本社会保险费 150 万元，为受雇的全体员工支付补充养老保险费 80 万元，为公司高管缴纳商业保险费 30 万元。根据企业所得税法律制度的规定，该公司 2024 年度发生的上述保险费在计算应纳税所得额时准予扣除数额为（　　）万元。

A. 260　　B. 230　　C. 1520　　D. 150

26. 某家具企业 2024 年度取得销售收入 272000 元，其他收入 28000 元，发生业务招待费 5000 元。根据企业所得税法律制度的规定，该企业当年可以在税前扣除的业务招待费为（　　）元。

A. 3000　　B. 1360　　C. 1500　　D. 5000

27. 甲公司 2024 年度取得销售收入 8000 万元，发生与生产经营活动有关的业务招待费支出 50 万元。在计算甲公司 2024 年度企业所得税应纳税所得额时，准予扣除的业务招待费支出为（　　）万元。

A. 40　　B. 24　　C. 50　　D. 30

28. 甲贸易公司 2024 年度取得销售货物收入 800 万元、股息红利所得 200 万元。甲贸易公司当年发生符合条件的广告费和业务宣传费支出 160 万元，无以前年度结转的广告费和业务宣传费支出。甲贸易公司在计算 2024 年度企业所得税应纳税所得额时，准予扣除的广告费和业务宣传费支出为（　　）万元。

A. 160　　B. 150　　C. 90　　D. 120

29. 某机械设备制造企业 2024 年度实现销售收入 3000 万元，发生符合条件的广告费和业务宣传费支出 400 万元，上年度未在税前扣除完的符合条件的广告费和业务宣传费支出 60 万元。在计算该企业 2024 年度企业所得税应纳税所得额时，允许扣除的广告费和业务宣传费支出为（　　）万元。

A. 410　　B. 400　　C. 450　　D. 460

30. 甲化妆品制造企业 2024 年度取得销售货物收入 4500 万元，国债利息收入 200 万元，发生符合条件的广告费和业务宣传费支出 1500 万元，准予结转的上年度未在税前扣除的广告费和业务宣传费支出 150 万元。计算甲化妆品制造企业 2024 年度企业所得税应纳税所得额时，准予扣除的广告费和业务宣传费支出为（　　）万元。

A. 1500　　B. 1650　　C. 150　　D. 1350

31. 2024 年甲企业实现利润总额 600 万元，发生公益性捐赠支出 72 万元，其中向目标脱贫地区的扶贫捐赠支出 10 万元。上年度未在税前扣除完的符合条件的公益性捐赠支出 12 万元。计算甲企业 2024 年度企业所得税应纳税所得额时，准予扣除的公益性捐赠支出是（　　）万元。

A. 84　　B. 70　　C. 72　　D. 82

32. 某居民企业当年发生公益性捐赠支出 110 万元（含向目标脱贫地区的扶贫捐赠支出 20 万元），上年结转未扣完的公益性捐赠支出 34 万元。在计算该居民企业当年企业所得税应纳税所得额时，准予扣除的公益性捐赠支出为（　　）万元。

A. 140　　B. 120　　C. 110　　D. 144

33. 根据企业所得税法律制度的规定，在计算企业所得税应纳税所得额时，可以计提折旧扣除的是（　　）。

A. 未投入使用的机器设备

B. 以融资租赁方式租入的固定资产

C. 已足额提取折旧仍继续使用的固定资产

D. 单独估价作为固定资产入账的土地

34. 根据企业所得税法律制度的规定，下列固定资产中，在计算企业所得税应纳税所得额时，准予计算折旧扣除的是（　　）。

A. 以融资租赁方式租出的大型机床

B. 已投入使用的厂房

C. 以经营租赁方式租入的载货汽车

D. 已足额提取折旧仍继续使用的电脑

35. 根据企业所得税法律制度的规定，符合条件的企业可以采取缩短折旧年限的方式计提固定资产折旧，但最低折旧年限不得低于税法规定折旧年限的一定比例，该比例为（　　）。

A. 30%　　B. 40%　　C. 50%　　D. 60%

36. 甲企业为增值税小规模纳税人，2024 年 11 月购入一台生产用机器设备，取得普通发票上注明的价款为 60 万元，税额为 7.8 万元；支付安装费，取得普通发票上注明的价款为 2 万元，税额为 0.18 万元，计算甲企业当年度企业所得税计税基础为（　　）万元。

A. 62　　B. 67.8　　C. 69.98　　D. 69.8

37. 甲公司为居民企业，2024 年 6 月购入一台价值 200 万元的生产设备，当月投入使用，会计上采取直线法计提折旧（计入当期损益），折旧年限为 10 年，预计净残值为零，甲公司选择税前一次性扣除。甲公司 2024 年企业所得税处理正确的是（　　）。

A. 纳税调增 190 万元　　B. 纳税调增 188.33 万元

C. 纳税调减 190 万元　　D. 纳税调减 188.33 万元

38. 甲居民企业 2014 年设立，2019—2023 年年末弥补亏损前的所得情况如下：

年份	2019 年	2020 年	2021 年	2022 年	2023 年
未弥补亏损前的所得（万元）	-20	100	-220	180	200

假设无其他纳税调整项目，甲居民企业2023年度企业所得税应纳税所得额为（　　）万元。

A. 200　　B. 160　　C. 210　　D. 260

39. 甲公司2017年度亏损100万元、2019年度亏损200万元，2018年度、2020—2022年度未弥补亏损前的应纳税所得额均为0，2023年度未弥补亏损前的应纳税所得额为600万元。已知，甲公司不属于高新技术企业或科技型中小企业，企业所得税税率为25%。甲公司2023年度应纳的企业所得税税额为（　　）万元。

A. 150　　B. 125　　C. 100　　D. 75

40. 甲企业2024年年初在生产经营的过程中，向非关联方乙企业（非金融企业）借入生产用资金3000万元，并与乙企业签订了借款合同，借款期限6个月，年利率为8%。已知，金融企业同期同类贷款年利率为5%。根据企业所得税法律制度的规定，甲企业在计算2024年企业所得税时，可以在税前扣除的利息支出是（　　）万元。

A. 120　　B. 75　　C. 240　　D. 150

41. 根据企业所得税法律制度的规定，下列行业中，适用研究开发费用税前加计扣除政策的是（　　）。

A. 房地产业　　B. 餐饮业　　C. 零售业　　D. 医药制造业

42. 甲机械厂2024年度利润总额500万元，实际发生未形成无形资产计入当期损益的研究开发费用100万元，无其他纳税调整项目。计算甲机械厂2024年度企业所得税应纳税所得额（　　）万元。

A. 425　　B. 450　　C. 400　　D. 600

43. 甲企业是居民企业，主要从事信息传输、软件和信息技术服务，2023年度实际发生研发费用50万元，未形成无形资产计入当期损益。根据企业所得税法律制度的规定，甲企业计算2023年度企业所得税应纳税所得额时可以加计扣除的研发费用为(　　)万元。

A. 60　　B. 50　　C. 37.5　　D. 25

44. 甲设备制造企业2024年度实际发生未形成无形资产计入当期损益的研究开发费用300万元。甲设备制造企业在计算2024年度企业所得税应纳税所得额时，准予扣除研究开发费用为（　　）万元。

A. 300　　B. 225　　C. 525　　D. 600

45. 甲公司2024年度为符合条件的小型微利企业，当年企业所得税应纳税所得额为100万元。甲公司2024年度应缴纳企业所得税税额为（　　）万元。

A. 2.5　　B. 25　　C. 5　　D. 20

46. 甲居民企业为小型微利企业，2024 年实现年度会计利润 150 万元。假设不考虑其他纳税调整事项，下列有关甲居民企业 2024 年应缴纳企业所得税税额为（　　）万元。

A. 10　　B. 7.5　　C. 2.5　　D. 5

47. 甲公司 2024 年度为符合条件的小型微利企业，2023 年度企业所得税应纳税所得额为 180 万元。计算甲公司 2024 年度应缴纳企业所得税税额为（　　）万元。

A. 18　　B. 9　　C. 4.5　　D. 45

48. 甲公司 2024 年实现会计利润总额 600 万元，预缴企业所得税税额 120 万元，在“营业外支出”账目中列支了通过公益性社会团体向灾区的捐款 76 万元。计算甲公司当年应补缴企业所得税税额为（　　）万元。

A. 49　　B. 30　　C. 48　　D. 31

49. 甲公司 2024 年度实现销售（营业）收入 1000 万元、利润总额 200 万元，全年发生的与生产经营活动有关的业务招待费支出 10 万元，持有国债取得的利息收入 4 万元，除上述两项外无其他纳税调整项目。计算甲公司当年应缴纳企业所得税税额（　　）万元。

A. 50　　B. 51　　C. 50.25　　D. 51.25

50. 根据企业所得税法律制度的规定，在中国境内未设立机构、场所的非居民企业取得的来源于中国境内的下列所得中，以收入全额减除财产净值后的余额为应纳税所得额的是（　　）。

A. 利息所得　　B. 租金所得

C. 股息、红利等权益性投资收益　　D. 转让财产所得

51. 根据企业所得税法律制度的规定，关于在中国境内未设立机构、场所的非居民企业取得的来源于中国境内的所得，其应纳税所得额确定的下列表述中，不正确的是（　　）。

A. 股息所得以收入全额为应纳税所得额

B. 转让财产所得以收入全额为应纳税所得额

C. 特许权使用费所得以收入全额为应纳税所得额

D. 租金所得以收入全额为应纳税所得额

52. 2024 年 8 月 6 日，甲公司与乙公司签订合同，采用支付手续费方式委托代销一批货物。8 月 10 日，甲公司发出货物；8 月 12 日，乙公司收到该批货物；10 月 12 日，甲公司收到代销清单。甲公司该业务应确认企业所得税销售收入的实现时间为（　　）。

A. 2024 年 8 月 6 日　　B. 2024 年 8 月 10 日

C. 2024 年 8 月 12 日　　D. 2024 年 10 月 12 日

53. 根据企业所得税法律制度的规定，企业应当自纳税年度终了之日起一定期限内，向税务机关报送年度企业所得税申报表，并结清应缴应退税款。该期限是（　　）个月。

A. 3　　B. 5　　C. 6　　D. 4

54. 根据企业所得税法律制度的规定，企业从事下列项目的所得，减半征收企业所得税的是（　　）。

A. 农产品初加工　　B. 油料种植　　C. 内陆养殖　　D. 林木的培育

55. 根据企业所得税法律制度的规定，企业从事下列事项取得的所得中，减半征收企业所得税的是（　　）。

A. 家禽饲养　　B. 农机维修　　C. 香料作物的种植　　D. 林产品的采集

56. 企业的下列所得中，可以免征、减征企业所得税的是（　　）。

A. 制造业　　B. 农、林、牧、渔业　　C. 商品流通业　　D. 服务业

57. 根据企业所得税法律制度的规定，下列关于企业所得税税收优惠的表述中，正确的是（　　）。

A. 集成电路企业开展研发活动中实际发生的研发费用，未形成无形资产计入当期损益的，在按规定据实扣除的基础上，在 2023 年 1 月 1 日至 2027 年 12 月 31 日期间，再按照实际发生额的 100% 在税前扣除

B. 自 2022 年 1 月 1 日起，企业出资给非营利性科学技术研究开发机构、高等学校和政府性自然科学基金用于基础研究的支出，在计算应纳税所得额时可按实际发生额在税前扣除，并可按 100% 在税前加计扣除

C. 企业以规定的资源作为主要原材料，生产国家非限制和禁止并符合国家和行业相关标准的产品取得的收入，减按 70% 计入收入总额

D. 企业购置并实际使用规定的环境保护、节能节水、安全生产等专用设备的，该专用设备的投资额的 10% 可以从企业当年的应纳税所得额中抵免

58. 根据企业所得税法律制度的规定，下列各项中，属于不征税收入的是（　　）。

A. 铁路债券利息收入　　B. 企业债券利息收入

C. 银行存款利息收入　　D. 依法收取并纳入财政管理的行政事业性收费

59. 根据企业所得税法律制度的规定，下列关于企业所得税税率的表述中，不正确的是（　　）。

A. 对在中国境内设立机构、场所的非居民企业取得的与机构、场所有实际联系的所得，按 25% 的税率征收企业所得税

B. 对注册在海南自由贸易港并实质性运营的鼓励类产业企业，减按 15% 的税率征收

企业所得税

C. 对符合条件的从事污染防治的第三方企业，减按 15% 的税率征收企业所得税

D. 对符合条件的小型微利企业，减按 15% 的税率征收企业所得税

60. 根据企业所得税法律制度的规定，企业应当自月份或者季度终了之日起一定期限内，向税务机关报送预缴企业所得税纳税申报表，预缴税款。该期限为（ ）日。

A. 10　　B. 15　　C. 30　　D. 60

61. 根据企业所得税法律制度的规定，下列关于企业所得税纳税期限的表述中，不正确的是（ ）。

A. 企业在一个纳税年度中间开业，使该纳税年度的实际经营期不足 12 个月的，应当以其实际经营期为一个纳税年度

B. 企业依法清算时，应当以清算期间作为一个纳税年度

C. 企业所得税按月计征，按年缴纳

D. 企业应当自年度终了之日起 5 个月内向税务机关报送年度企业所得税纳税申报表，并汇算清缴，结清应缴应退税款

多选题

1. 企业所得税的纳税人为在中华人民共和国境内（ ）。

A. 企业　　B. 个人独资企业

C. 个体工商户　　D. 其他取得收入的组织

2. 根据企业所得税法律制度的规定，下列企业中，属于居民企业的有（ ）。

A. 依照外国法律成立，实际管理机构在中国境内的丙公司

B. 依法在中国境内设立的乙外资公司

C. 依照外国法律成立，实际管理机构不在中国境内但有来源于境内所得的丁公司

D. 依法在中国境内设立的甲合伙企业

3. 根据企业所得税法律制度的规定，下列各项中，属于企业所得税纳税人的有（ ）。

A. 合伙企业　　B. 从事生产经营活动的其他组织

C. 事业单位　　D. 一人有限责任公司

4. 企业所得税的征税对象包括（ ）。

A. 生产经营所得　　B. 其他所得　　C. 财政拨款　　D. 清算所得

5. 根据企业所得税法律制度的规定，下列所得中，属于企业所得税征税对象的有（ ）。

A. 在中国境内设立机构、场所的非居民企业，其机构、场所来源于中国境内的所得

B. 居民企业来源于中国境外的所得

C. 在中国境内未设立机构、场所的非居民企业来源于中国境外的所得

D. 居民企业来源于中国境内的所得

6. 根据企业所得税法律制度的规定，下列关于企业所得税税率的表述中，正确的有（　　）。

A. 在中国境内未设立机构、场所的非居民企业，其从中国境内取得的所得减按 10% 的税率征收企业所得税

B. 对设在西部地区的鼓励类产业企业，减按 15% 的税率征收企业所得税

C. 国家需要重点扶持的高新技术企业，减按 15% 的税率征收企业所得税

D. 对经认定的技术先进型服务企业（服务贸易类），减按 15% 的税率征收企业所得税

7. 企业的收入总额包括（　　）。

A. 销售货物收入　　B. 提供劳务收入　　C. 接受捐赠收入　　D. 转让财产收入

8. 根据企业所得税法律制度的规定，企业取得的下列收入中，属于货币形式的有（　　）。

A. 股权投资　　B. 债务的豁免

C. 应收票据　　D. 准备持有至到期的债券投资

9. 根据企业所得税法律制度的规定，企业取得的下列收入中，属于非货币形式的有（　　）。

A. 存货　　B. 生物资产　　C. 无形资产　　D. 现金

10. 非货币性收入包括（　　）。

A. 固定资产　　B. 不准备持有至到期的债券投资

C. 应收账款　　D. 存货

11. 根据企业所得税法律制度的规定，下列所得中应当按照负担、支付所得的企业或者机构、场所所在地确定所得来源地的有（　　）。

A. 租金所得　　B. 特许权使用费所得

C. 销售货物所得　　D. 动产转让所得

12. 根据企业所得税法律制度的规定，下列所得中，按照负担、支付所得的企业或者机构、场所所在地确定，或者按照负担、支付所得的个人的住所地确定所得来源地的有（　　）。

A. 股息、红利等权益性投资所得　　B. 利息所得

C. 租金所得　　D. 特许权使用费所得

13. 根据企业所得税法律制度的规定，下列关于确定来源于中国境内、境外所得的表述中，正确的有（　　）。

A. 转让权益性投资资产所得，按照被投资企业所在地确定

B. 不动产转让所得，按照转让不动产的企业或者机构所在地确定

C. 提供劳务所得，按照提供劳务的企业所在地确定

D. 租金所得，按照负担、支付所得的企业或者机构、场所所在地确定，或者按照负担、支付所得的个人的住所地确定

14. 根据企业所得税法律制度的规定，下列关于收入确认时间的表述中，正确的有（　　）。

A. 接受捐赠收入，按照合同约定的受赠人接受捐赠资产的日期确认收入的实现

B. 特许权使用费收入，按照合同约定的特许权使用人应付特许权使用费的日期确认收入的实现

C. 租金收入，按照承租人实际支付租金的日期确认收入的实现

D. 利息收入，按照合同约定的债务人应付利息的日期确认收入的实现

15. 根据企业所得税法律制度的规定，下列关于收入确认实现时间的表述中，正确的有（　　）。

A. 采取产品分成方式取得收入的，按照企业分得产品的日期确认收入

B. 企业取得股息、红利等权益性投资收益，除国务院财政、税务主管部门另有规定外，按照被投资方作出利润分配决定的日期确认收入

C. 企业取得利息收入，按照债务人实际支付利息的日期确认收入

D. 企业接受捐赠收入，按照捐赠合同约定的捐赠资产日期确认收入

16. 企业所得税税率主要包括（　　）。

A. 30%　　B. 25%　　C. 20%　　D. 15%

17. 根据企业所得税法律制度的规定，下列收入中，应计入企业所得税应纳税所得额的有（　　）。

A. 企业依法收取并纳入财政管理的行政事业性收费

B. 企业转让国债收入

C. 全国社会保障基金取得的直接股权投资收益

D. 企业接受捐赠收入

18. 根据企业所得税法律制度的规定，下列各项中，属于不征税收入的有（　　）。

A. 国债利息收入

B. 居民企业直接投资于其他居民企业取得的投资收益

C. 财政拨款

D. 依法收取并纳入财政管理的行政事业性收费

19. 根据企业所得税法律制度的规定，下列各项中，属于不征税收入的有（　　）。

A. 依法收取并纳入财政管理的政府性基金

B. 各级人民政府对纳入预算管理的事业单位拨付的财政资金

C. 国际金融组织向中国政府提供优惠贷款取得的利息所得

D. 依法收取并纳入财政管理的行政事业性收费

20. 收入总额中的下列收入中，（　　）为不征税收入。

A. 财政拨款

B. 国债利息收入

C. 符合条件的居民企业之间的股息、红利等权益性投资收益

D. 依法收取并纳入财政管理的行政事业性收费、政府性基金

21. 根据企业所得税法律制度的规定，下列行为中，应视同销售货物确认收入的有（　　）。

A. 将货物用于职工福利　　B. 将货物用于利润分配

C. 将货物用于样品　　D. 将货物用于交换其他企业商品

22. 根据企业所得税法律制度的规定，下列各项中，属于转让财产收入的有（　　）。

A. 销售原材料取得的收入　　B. 转让无形资产取得的收入

C. 转让股权取得的收入　　D. 提供专利权的使用权取得的收入

23. 根据企业所得税法律制度的规定，企业依照国务院有关主管部门或省级人民政府规定的范围和标准为职工缴纳的下列社会保险费中，在计算企业所得税应纳税所得额时准予扣除的有（　　）。

A. 基本养老保险费　　B. 工伤保险费

C. 失业保险费　　D. 基本医疗保险费

24. 根据企业所得税法律制度的规定，企业缴纳的下列税金中，准予在企业所得税税前扣除的有（　　）。

A. 允许抵扣的增值税　　B. 消费税

C. 土地增值税　　D. 印花税

25. 根据企业所得税法律制度的规定，甲公司在计算 2024 年企业所得税应纳税所得额时，不得扣除的有（　　）。

A. 税务机关依照规定对甲公司作出特别纳税调整，按照国务院规定加收利息 10 万元

B. 向保险公司缴纳的财产保险费 5 万元

C. 计提的坏账准备金 15 万元

D. 非广告性质的赞助支出 20 万元

26. 根据企业所得税法律制度的规定，下列关于不同销售方式收入确认的说法中，正确的有（　　）。

A. 以商业折扣方式销售商品，应按扣除商业折扣后的金额确认销售收入

B. 以现金折扣方式销售商品，应按扣除现金折扣前的金额确认销售收入

C. 以托收承付方式销售商品，应在收到销售款时确认收入

D. 以旧换新方式销售商品，销售的商品按照售价确认收入，回收的商品作为购进商品处理

27. 企业实际发生的与取得收入有关的、合理的支出，包括（　　），准予在计算应纳税所得额时扣除。

A. 成本　　B. 费用　　C. 税金　　D. 损失

28. 成本是指企业（　　）的成本。

A. 销售产品　　B. 提供劳务

C. 转让固定资产、无形资产　　D. 自然灾害等不可抗力因素造成的损失

29. 费用是指企业每一个纳税年度为生产、经营商品和提供劳务所发生的（　　）。

A. 财务费用　　B. 销售费用　　C. 管理费用　　D. 税金及附加

30. 税金是指企业实际发生的除（　　）以外的企业缴纳的各项税金及附加。

A. 消费税　　B. 企业所得税

C. 关税　　D. 允许抵扣的增值税

31. 损失是指企业在生产经营活动中发生的（　　）。

A. 固定资产和存货的盘亏、毁损、报废净损失　　B. 转让财产损失

C. 呆账损失　　D. 坏账损失

32. 根据企业所得税法律制度的规定，下列关于固定资产计税基础确定的表述中，正确的有（　　）。

A. 自行建造的固定资产，以资产的公允价值和支付的相关税费为计税基础

B. 改建的固定资产，除法定的支出外，以改建过程中发生的改建支出增加计税基础

C. 通过债务重组方式取得的固定资产，以该资产的公允价值和支付的相关税费为计税基础

D. 盘盈的固定资产，以同类固定资产的重置完全价值为计税基础

33. 根据企业所得税法律制度的规定，在计算应纳税所得额时，企业发生的下列支出中，超过规定标准可以结转以后年度扣除的有（　　）。

A. 工会经费　　B. 业务招待费

C. 公益性捐赠　　D. 保险企业的手续费和佣金

34. 职工福利费、工会经费、职工教育经费扣除标准为（　　）。

A. 职工福利费支出不超过工资薪金总额 14%

B. 职工教育经费不超过工资薪金总额 2.5%

C. 职工教育经费不超过工资薪金总额 8%

D. 拨缴的工会经费不超过工资薪金总额 2%

35. 企业缴纳企业所得税时按规定为职工缴纳的“五险一金”准予扣除，此外，允许扣除的有（　　）。

A. 企业为投资者或职工支付的商业保险费

B. 企业按规定为投资者或者职工支付的补充养老保险费

C. 企业按规定为投资者或者职工支付的补充医疗保险费

D. 企业按规定为特殊工种职工支付的人身安全保险费

36. 根据企业所得税法律制度的规定，企业的下列支出中，在计算企业所得税应纳税所得额时不得扣除的有（　　）。

A. 企业之间支付的管理费　　B. 合理的劳动保护支出

C. 向投资者支付的股息　　D. 缴纳的税收滞纳金

37. 企业所得税法规定不得扣除的项目有（　　）。

A. 企业所得税税款　　B. 税收滞纳金

C. 罚款和被没收财物的损失　　D. 总机构合理分摊的费用

38. 企业发生的与生产经营活动有关的业务招待费支出，按以下标准扣除（　　）。

A. 据实扣除　　B. 按照发生额的 60% 扣除

C. 最高不得超过当年销售收入的 5‰　　D.B、C 两条标准取其低者

39. 广告费和业务宣传费除国务院财政、税务主管机关另有规定外，按以下标准扣除（　　）。

A. 不超过当年销售收入的 15%

B. 不超过当年销售收入的 50%

C. 超标部分不得向以后年度结转

D. 超过部分准予结转以后纳税年度扣除

40. 根据企业所得税法律制度的规定，下列各项中，表述正确的有（ ）。

A. 企业在筹建期间，发生的与筹办活动有关的业务招待费支出，可按实际发生额的60%计入企业筹办费，并按有关规定在税前扣除

B. 企业在筹建期间，发生的与筹办活动有关的业务招待费支出，可按实际发生额计入企业筹办费，并按有关规定在税前扣除

C. 企业在筹建期间，发生的广告费和业务宣传费，可按实际发生额计入企业筹办费，并按有关规定在税前扣除

D. 企业在筹建期间，发生的广告费和业务宣传费，可按实际发生额的15%计入企业筹办费，并按有关规定在税前扣除

41. 根据企业所得税法律制度的规定，特定的企业发生的广告费和业务宣传费不超过当年销售（营业）收入30%的部分准予扣除，超过部分准予结转以后纳税年度扣除。上述所称特定的企业包括（ ）。

A. 化妆品销售　B. 酒类制造　C. 医药制造　D. 烟草企业

42. 根据企业所得税法律制度的规定，下列各项中，属于长期待摊费用的有（ ）。

A. 购入固定资产的支出　B. 固定资产的大修理支出

C. 固定资产的改扩建支出　D. 已足额提取折旧的固定资产的改建支出

43. 根据企业所得税法律制度的规定，下列各项中，在计算企业所得税应纳税所得额时，不得扣除的有（ ）。

A. 诉讼费用　B. 罚金

C. 税收滞纳金　D. 企业之间支付的管理费

44. 根据企业所得税法律制度的规定，在中国境内未设立机构、场所的非居民企业取得的来源于中国境内的下列所得，应以收入全额为企业所得税应纳税所得额的有（ ）。

A. 租金所得　B. 利息所得

C. 转让财产所得　D. 特许权使用费所得

45. 根据企业所得税法律制度的规定，下列关于固定资产计税基础的表述中，正确的有（ ）。

A. 自行建造的固定资产，以竣工结算前发生的支出为计税基础

B. 通过捐赠方式取得的固定资产，以该资产的公允价值和支付的相关税费为计税基础

C. 改建的固定资产，除法定的支出外，以改建过程中产生的改建支出增加计税基础

D. 盘盈的固定资产，以同类固定资产的重置完全价值为计税基础

46. 甲企业 2024 年利润总额为 2000 万元，工资薪金支出为 1500 万元，下列支出中，允许在计算 2024 年企业所得税应纳税所得额时全额扣除的有（　　）。

A. 公益性捐赠支出 200 万元

B. 职工福利支出 160 万元

C. 职工教育经费支出 125 万元

D.2023 年 7 月至 2024 年 6 月的厂房租金支出 50 万元

47. 2024 年甲企业取得销售收入 8000 万元，当年发生的与生产经营相关的业务招待费 60 万元，上年因超支在税前未能扣除的与生产经营相关的业务招待费支出 5 万元。甲企业在计算当年应纳税所得额时，下列关于业务招待费税前扣除的表述中，正确的有（　　）。

A. 业务招待费准予扣除的数额为 40 万元

B. 业务招待费准予扣除的数额为 36 万元

C. 上年因超支在税前未能扣除的 5 万元，可以在本年扣除

D. 上年因超支在税前未能扣除的 5 万元，不得在本年扣除

48. 某化妆品制造企业 2024 年度取得销售货物收入 4000 万元，国债利息收入 500 万元，发生符合条件的广告费和业务宣传费支出 1000 万元，2023 年因超支未在税前扣除的广告费和业务宣传费支出 150 万元。下列关于该化妆品制造企业 2024 年度在计算企业所得税应纳税所得额时的说法中，正确的有（　　）。

A. 该化妆品制造企业 2024 年度的销售（营业）收入为 4500 万元

B. 该化妆品制造企业 2024 年度的销售（营业）收入为 4000 万元

C. 该化妆品制造企业 2024 年准予扣除的广告费和业务宣传费支出为 1150 万元

D. 该化妆品制造企业 2024 年准予扣除的广告费和业务宣传费支出为 1350 万元

49. 根据企业所得税法律制度的规定，企业发生的下列支出中，可以在计算企业所得税应纳税所得额时加计扣除的有（　　）。

A. 甲企业研究开发新药品的支出

B. 乙企业推广新产品发生的广告费支出

C. 丙企业安置残疾人员所支付的工资

D. 丁企业出资给高等学校用于基础研究的支出

50. 下列固定资产中，不得计算折旧扣除的有（　　）。

A. 未投入使用的机器设备

B. 接受捐赠转入的固定资产

C. 以融资租赁方式租出的固定资产

D. 已足额提取折旧但仍继续使用的固定资产

51. 根据企业所得税法律制度的规定，下列行业中，不适用研究开发费用税前加计扣除政策的有（　　）。

A. 餐饮业　　B. 先进制造业　　C. 房地产业　　D. 零售业

52. 根据企业所得税法律制度的规定，企业的下列支出中，准予在计算企业所得税应纳税所得额时加计扣除的有（　　）。

A. 开发新产品发生的计入当期损益的研究开发费用

B. 推广新产品发生的计入当期损益的广告费

C. 奖励管理人员支付的奖金

D. 安置残疾人员支付的工资

53. 下列各项中不属于免税收入的是（　　）。

A. 国债利息收入　　B. 依法收取并纳入财政管理的行政事业性收费、政府性基金

C. 财政拨款　　D. 国务院规定的其他不征税收入

54. 根据企业所得税法律制度的规定，企业从事下列项目的所得中，免征企业所得税的有（　　）。

A. 林产品的采集　　B. 香料作物的种植

C. 家禽的饲养　　D. 农作物新品种的选育

55. 企业的下列所得中，可以免征或减征企业所得税的有（　　）。

A. 从事国家重点扶持的公共基础设施项目投资经营所得

B. 从事符合条件的环境保护、节能节水项目所得

C. 符合条件的技术转让所得

D. 从事农、林、牧、渔业项目所得

56. 根据企业所得税法律制度的规定，中国保险保障基金有限责任公司取得的下列收入，免征企业所得税的有（　　）。

A. 境内保险公司依法缴纳的保险保障基金

B. 接受捐赠收入

C. 银行存款利息收入

D. 购买政府债券、中央银行、中央企业和中央级金融机构发行债券的利息收入

57. 企业的下列收入中，（　　）为免税收入。

A. 符合条件的居民企业之间的股息、红利等权益性投资收益

B. 依法收取并纳入财政管理的行政事业性收费、政府性基金

C. 符合条件的非营利组织的收入

D. 在中国境内设立机构、场所的非居民企业取得与该机构、场所有实际联系的股息、红利等权益性投资收益

58. 直接计算法是指企业每一纳税年度的收入总额减除（　　）后的余额为应纳税所得额。

A. 不征税收入　　B. 免税收入

C. 各项扣除　　D. 允许弥补的以前年度亏损

59. 间接计算法是在（　　）的基础上（　　）后的金额为应纳税所得额。

A. 净利润　　B. 会计利润总额

C. 纳税调整项目调整金额　　D. 加或减营业外收支净额

60. 符合小型微利企业的条件是（　　）。

A. 年应纳税所得额不超过 300 万元　　B. 从业人数不超过 300 人

C. 从业人数不超过 500 人　　D. 资产总额不超过 5000 万元

61. 企业所得税的纳税地点有（　　）。

A. 登记注册地　　B. 实际管理机构所在地

C. 机构场所所在地　　D. 扣缴义务人所在地

62. 企业所得税实行（　　）的征纳方法。

A. 按年计征　　B. 分月（季）预缴　　C. 年终汇算清缴　　D. 多退少补

63. 下列关于企业所得税纳税期限的表述中，正确的有（　　）。

A. 企业所得税按年计征，分月或者分季预缴，年终汇算清缴，多退少补

B. 企业在一个纳税年度中间开业，使该纳税年度的实际经营不足 12 个月的，应当以其实际经营期为一个纳税年度

C. 企业依法清算时，应当以清算期作为 1 个纳税年度

D. 企业在纳税年度中间终止经营活动的，应当自实际经营终止之日起 60 日内，向税务机关办理当期企业所得税汇算清缴

64. 根据企业所得税法律制度的规定，下列关于企业所得税纳税地点的表述中，正确的有（　　）。

A. 依法在中国境内登记注册的居民企业，除另有规定外，以企业登记注册地为纳税地点

B. 登记注册地在境外但实际管理机构在中国境内的企业，以实际管理机构所在地为纳税地点

C. 非居民企业在中国境内设立机构、场所的，以机构、场所所在地为纳税地点

D. 非居民企业在中国境内设立机构、场所但取得的境内所得与其所设机构、场所没有实际联系的，以机构、场所所在地为纳税地点

65. 根据企业所得税法律制度的规定，下列关于企业所得税纳税期限的表述中，正确的有（　　）。

A. 企业在一个纳税年度中间开业，或者终止经营活动，使该纳税年度的实际经营期不足 12 个月的，应当以其实际经营期为一个纳税年度

B. 企业依法清算时，应当以清算期间作为一个纳税年度

C. 企业应当自年度终了之日起 3 个月内，向税务机关报送年度企业所得税纳税申报表，并汇算清缴，结清应缴应退税款

D. 企业在年度中间终止经营活动的，应当自实际经营终止之日起 60 日内，向税务机关办理当期企业所得税汇算清缴

66. 根据企业所得税法律制度的规定，下列关于企业所得税纳税申报与汇算清缴的表述中，正确的有（　　）。

A. 企业应当自年度终了之日起 5 个月内，向税务机关报送年度企业所得税纳税申报表，并汇算清缴，结清应缴应退税款

B. 企业在年度中间终止经营活动的，应当自实际经营终止之日起 60 日内，向税务机关办理当期企业所得税汇算清缴

C. 企业应当在办理注销登记前，就其清算所得向税务机关申报并依法缴纳企业所得税

D. 企业在纳税年度内无论是亏损还是盈利，都应当按照规定期限，向税务机关报送预缴企业所得税纳税申报表、年度企业所得税纳税申报表、财务会计报告和税务机关规定应当报送的其他有关资料

判断题

1. 依照中国法律、行政法规成立的个人独资企业属于企业所得税纳税人。

2. 根据企业所得税法律制度的规定，个人独资企业不属于企业所得税纳税人。

3. 企业在各个纳税期末，提供劳务交易的结果能够可靠估计的，应采用完工进度（百分比）法确认提供劳务收入。

4. 企业所得税是以企业的利润总额为计税依据征收的一种税。

5. 企业所得税非居民企业委托营业代理人在中国境内从事生产经营活动经常代其签订合同，该营业代理人视为非居民企业在中国境内设立的机构、场所。

6. 居民企业应当仅就其来源于中国境内的所得缴纳企业所得税。

7. 非居民企业在我国境内设立了机构、场所，取得境外所得与所设立的机构、场所并没有实际联系，该笔境外所得不需要在我国缴纳企业所得税。

8. 所得额是企业的各项收入总额扣除各项成本、费用等开支后的净所得额，它需要经过一系列复杂的程序才能计算出来。

9. 在中国境内设立机构、场所且取得的所得与其所设机构、场所有实际联系的非居民企业，适用的企业所得税税率为 20%。

10. 根据企业所得税法律制度的规定，企业以买一赠一的方式组合销售本企业商品的，属于捐赠，应视同销售按各项商品的公允价值来确认各项商品的销售收入。

11. 根据企业所得税法律制度的规定，企业将自产的实木地板用于抵偿债务，应当视同销售货物确认收入。

12. 企业所得税的最终承担者不是企业本身而是消费者。

13. 企业取得的非货币形式收入，应当按照公允价值确定收入额。

14. 根据企业所得税法律制度的规定，销售商品采取分期收款方式销售的，按照合同约定的收款日期确认收入的实现。

15. 债务重组收入不属于企业所得税应税收入。

16. 在中国境内所有的企业都必须依法缴纳企业所得税。

17. 企业采取产品分成方式取得收入的，在计算企业所得税应纳税所得额时，按照企业分得产品的日期确认收入的实现，其收入额按照产品的公允价值确定。

18. 企业的不征税收入用于支出所形成的费用或者财产，准予在计算应纳税所得额时扣除。

19. 企业以买一赠一等方式组合销售本企业商品的，赠品属于捐赠，企业所得税应视同销售货物确认收入。

20. 居民企业必须依法缴纳企业所得税，非居民企业则不必缴纳企业所得税。

21. 企业参加雇主责任险，按照规定缴纳的保险费，准予在企业所得税税前扣除。

22. 企业职工因公出差乘坐交通工具发生的人身意外保险费支出，准予企业在计算企业所得税应纳税所得额时扣除。

23. 符合条件的非营利组织从事非营利性活动取得的收入免征企业所得税，但从事营利性活动取得的收入应依法征税。

24. 居民企业应当就其来源于中国境内、境外的所得缴纳企业所得税。

25. 企业发生的与生产经营活动有关的业务招待费支出，按照不超过当年销售（营业）

收入的 5‰扣除。

26. 居民企业在汇总计算缴纳企业所得税时，其境外营业机构的亏损可以抵减境内营业机构的盈利。

27. 企业发生的职工教育经费支出，不超过工资薪金总额 8% 的部分，准予在计算企业所得税应纳税所得额时扣除；超过部分，准予在以后年度结转扣除。

28. 国债利息收入和转让国债取得的收入均属于企业所得税免税收入。

29. 非居民企业在中国境内设立机构、场所的，应当就其来源于中国境内的所得按 25% 的税率缴纳企业所得税。

30. 企业发生的与生产经营活动有关的业务招待费支出，在计算应纳税所得额时，按照发生额的 50% 扣除，但最高不得超过当年销售（营业）收入的 5‰。

31. 企业以《资源综合利用企业所得税优惠目录（2021 年版）》规定的资源作为主要原材料，生产国家非限制和禁止并符合国家和行业相关标准的产品取得的收入，免征企业所得税。

32. 企业应当自固定资产投入使用月份的次月起计算折旧；停止使用的固定资产，应当自停止使用月份的次月起停止计算折旧。

33. 企业在生产经营活动中发生的合理的不需要资本化的借款费用，不得在企业所得税税前扣除。需要资本化的借款费用，准予扣除。

34. 居民企业以及在中国境内设立机构场所的非居民企业，其企业所得税税率为 25%。

35. 准予在计算应纳税所得额时扣除的税金是指企业实际发生的所有的税金及附加。

36. 纳税人按照经济合同规定支付的违约金，准予在企业所得税税前扣除。

37. 甲企业是我国的非居民企业且未在我国境内设立机构、场所，其从中国境内取得的财产转让所得，以收入全额减除财产净值后的余额为应纳税所得额。

38. 居民企业适用税率 25%，非居民企业适用税率 20%。

39. 允许税前扣除的税收种类主要有消费税、关税、资源税和城市维护建设税、教育费附加，以及房产税、车船税、耕地占用税、城镇土地使用税、车辆购置税、印花税等。

40. 在中国境内虽设立机构、场所但取得的所得与其所设机构、场所没有实际联系的非居民企业，取得来源于境内的股息、红利等权益性投资收益，以收入全额为应纳税所得额。

41. 企业在汇总计算缴纳企业所得税时，其境外营业机构的亏损可以抵减境内营业机构的盈利。

42. 小微企业必须是从事国家非限制性和禁止行业。

43. 企业为投资者或者职工支付的所有的社会保险费准予在计算应纳税所得额时扣除。

44. 根据企业所得税法律制度的规定，未投入使用的房屋、建筑物，不得计算折旧扣除。

45. 国家需要重点扶持的高新技术企业、经认定的技术先进型服务企业（服务贸易类）所得税税率为15%。

46. 企业在生产经营活动中向金融企业借款的利息支出可据实扣除。

47. 企业从事内陆养殖项目的所得，免征企业所得税。

48. 小微企业实际税负为5%。

49. 企业在生产经营活动中向非金融企业借款的利息支出，只要取得合法的凭证可据实扣除。

50. 对非营利性科研机构、高等学校接收企业、个人和其他组织机构基础研究资金收入，免征企业所得税。

51. 非居民企业在中国境内设立机构、场所的，以机构、场所所在地为纳税地点。

52. 企业在生产经营活动中向非金融企业借款的利息支出，不超过按照金融企业同期同类贷款利率计算的数额的部分可据实扣除，超过部分不得扣除。

53. 年度企业所得税应纳税所得额200万元、从业人数160人、资产总额4000万元的乙服装生产企业，属于小型微利企业。

54. 企业安置残疾人员的，在按照支付给残疾职工工资据实扣除的基础上，按照支付给残疾职工工资的200%加计扣除。

55. 企业应纳税所得额是根据税收法规计算出来的，它在数额上与依据财务会计制度计算出的利润总额是一致的。

56. 企业所得税实行按年计算、分季预缴、年终汇算清缴、多退少补的征纳方法。

57. 企业在生产经营活动中发生的合理的、不需要资本化的借款费用，准予扣除。

58. 小型微利企业无论按查账征收方式还是按核定征收方式缴纳企业所得税，均可享受优惠政策。

59. 企业应当自年度终了之日起四个月内，向税务机关报送年度企业所得税纳税申报表，并汇算清缴，结清应缴应退税款。

60. 广告费和业务宣传费不超过当年销售收入15%的部分准予扣除，超过部分不得扣除。

61. 从事农、林、牧、渔业项目的所得可以免征、减征企业所得税。

62. 企业参加财产保险，按照规定缴纳的保险费准予扣除。

63. 对签订广告费和业务宣传费分摊协议的关联企业，其中一方发生的不超过当年销售（营业）收入税前扣除限额比例内的广告费和业务宣传费支出可以在本企业扣除，也可以将其中的部分或全部按照分摊协议归集至另一方扣除。

64. 非居民企业在中国境内未设立机构、场所的，或者虽设立机构、场所但取得的所得与其所设机构、场所没有实际联系的，其来源于中国境内的所得，减按 15% 的税率征收企业所得税。

65. 以经营租赁方式租入固定资产发生的租赁费支出可以一次全部扣除。

66. 符合条件的集成电路企业 2024 年开展研发活动中实际发生的研发费用，未形成无形资产计入当期损益的，在按规定据实扣除的基础上，再按照实际发生额的 120% 在税前扣除。

67. 企业通过公益性群众团体用于符合法律规定的公益慈善事业的捐赠支出，不得在计算应纳税所得额时扣除。

68. 企业购置用于环境保护、节能节水、安全生产等专用设备的投资额，可以按一定比例实行税额抵免。

69. 企业统一制作并要求员工工作时统一着装的服饰费用，可以作为企业的劳动保护费给予税前扣除。

70. 甲企业 2024 年出资给非营利性科学技术研究开发机构用于基础研究的支出，在计算应纳税所得额时可按实际发生额在税前扣除，但不得享受税前加计扣除。

71. 企业在货物捐赠过程中发生的运费支出，纳入公益性社会组织开具的公益捐赠票据记载的数额中的，可以作为公益性捐赠支出按照规定在税前扣除。

72. 应纳税所得额为企业每一个纳税年度的收入总额减除不征税收入、免税收入、各项扣除以及允许弥补的以前年度亏损后的余额。

73. 企业发生的各类捐赠支出，不超过年度利润总额 12% 的部分，准予扣除。

74. 企业以货币形式从各种来源取得的收入为收入总额。

75. 企业在 2018 年 1 月 1 日至 2024 年 12 月 31 日期间新购进的设备、器具，单位价值不超过 500 万元的，允许当年一次性全额在计算应纳税所得额时扣除。

76. 企业发生的公益救济性捐赠，在应纳税所得额 12% 以内的部分，准予在计算应纳税所得额时扣除。

77. 对在海南自由贸易港设立的企业在 2020 年 1 月 1 日至 2024 年 12 月 31 日期间新购置的无形资产，允许一次性计入当期成本费用在计算应纳税所得额时扣除，不再分年度计算摊销。

78. 非货币性收入包括固定资产、生物资产、无形资产、股权投资、应收票据、存货、不准备持有至到期的债券投资、劳务以及有关权益等。

79. 企业按规定计算的固定资产折旧费、无形资产和递延资产的摊销费，准予扣除。

80. 接受捐赠收入，指企业接受的来自其他企业、组织或者个人无偿给予的非货币性资产。

81. 企业的存货因盘亏、毁损、报废等原因不得从销项税额中抵扣的进项税额，准予与存货损失一起在计算所得税前按规定扣除。

82. 以分期收款方式销售货物的，按照合同约定的收款日期确认收入的实现。

83. 罚金、罚款和被没收财物的损失不得税前扣除。

84. 企业实际发生的与取得收入有关的、合理的支出，包括成本、费用、税金、损失和其他支出，准予在计算应纳税所得额时扣除。

85. 在计算应纳税所得额时，不得扣除企业所得税税款和税收滞纳金。

86. 经营性文化事业单位转制为企业，自转制注册之日起 10 年内免征企业所得税。

87. 企业发生的赞助支出准予扣除。

88. 对企业投资者持有 2019—2027 年发行的铁路债券取得的利息收入，免征企业所得税。

89. 企业纳税年度发生的亏损，准予向以后年度结转，用以后年度的所得弥补，但结转年限最长不得超过三年。

90. 对企业按照有关财务会计规定计算出的利润总额，要按照税法的规定进行必要调整后，才能作为应纳税所得额计算缴纳所得税。

计算题

［核算 1］

【资料】宏远商贸有限公司本年度总收入为 2200 万元，成本、费用、税金支出共计 1600 万元，所得税税率为 25%。假定无纳税调整事项。

【要求 1】计算该公司当年应纳税所得额。

【要求 2】计算该公司当年应纳所得税税额。

[核算2]

【资料】华东制造企业税前会计利润为120万元，当年向其他企业借款300万元，期限为6个月，支付利息费用15万元（金融机构同类同期贷款利率为6%）。假定无其他纳税调整事项。

【要求1】计算该企业准予扣除的利息费用。

【要求2】计算应调整的应纳税所得额。

【要求3】计算该企业应纳税所得额。

[核算3]

【资料】鑫达科技公司（非小微企业）2022年和2023年分别亏损1200万元和500万元，假设2024年至2028年每年盈利额分别为50万元、250万元、350万元、450万元、550万元，企业所得税税率为25%。假定无其他纳税调整事项。

【要求1】计算2022年和2023年准予税前弥补的亏损额。

【要求 2】通过计算确认开始缴纳企业所得税具体纳税年度。

【要求 3】计算各年度补亏后的应纳税所得额与应纳所得税税额。

［核算 4］

【资料】远翔贸易企业 2025 年实现产品销售收入 4000 万元，产品销售成本 2800 万元，销售税金 180 万元，销售费用 120 万元；取得其他业务收入 350 万元，发生其他业务成本 200 万元；管理费用 280 万元，财务费用 60 万元；营业外收入 150 万元，营业外支出 90 万元。该企业上年亏损 120 万元，企业所得税税率为 25%。假定无其他纳税调整事项。

【要求 1】计算该企业该纳税年度应纳税所得额。

【要求 2】计算该企业该纳税年度应纳所得税税额。

［核算 5］

【资料】阳光商贸公司 2025 年全年取得收入总额为 4000 万元，取得利息收入 80 万元；

营业成本、销售费用、管理费用共计 3600 万元；“营业外支出”中列支 50 万元，其中，通过红十字会向贫困山区捐款 15 万元，直接向某学校捐赠 8 万元，非广告性赞助 27 万元。企业所得税适用税率为 25%。假定无其他纳税调整事项。

【要求 1】根据上述业务，确定纳税调整事项并计算应调整的应纳税所得额。

【要求 2】计算该企业当年应纳税所得额。

【要求 3】计算该企业当年应纳所得税税额。

［核算 6］

【资料】星辰服装制造企业 2025 年实现税前收入总额 3500 万元（其中包括产品销售收入 3200 万元、购买国债利息收入 150 万元），发生各项成本费用共计 1800 万元，其中包括：合理的工资薪金总额 300 万元，业务招待费 120 万元，职工福利费 60 万元，职工教育经费 20 万元，工会经费 12 万元，税收滞纳金 8 万元，提取的各项准备金支出 80 万元。假定无其他纳税调整事项。

【要求 1】根据上述业务，确定纳税调整事项并计算应调整的应纳税所得额。

【要求2】计算该企业纳税年度应纳税所得额。

【要求3】计算该企业纳税年度应纳所得税税额。

［核算7］

【资料】假设旭日食品销售公司2025年销售收入为1800万元，广告费实际发生额为320万元。2026年企业销售收入为2200万元，广告费为280万元。假设无其他纳税调整事项。

【要求1】计算2025年应调整的应纳税所得额。

【要求2】计算2026年应调整的应纳税所得额。

［核算8］

【资料】上海机械设备有限公司为增值税一般纳税人，增值税税率为13%，企业所得税税率为25%，主要从事冰箱、空调、电风扇等家用电器的生产、销售。根据企业所得税相关法规及该企业2026年损益类账户发生额（假设该企业无纳税调整项目）

【要求】计算 2026 年税前会计利润。

损益类账户发生额

2026 年 12 月　　　　单位：元

账户名称	本期发生额	
	借方	贷方
主营业务收入		5450
其他业务收入		88
投资收益		72
营业外收入		28.6
主营业务成本	3222	
其他业务成本	66	
税金及附加	34	
销售费用	1000	
管理费用	400	
财务费用	200	
营业外支出	65	

［核算 9］

【资料】广州创新制造有限公司为居民企业，2026 年实现会计利润总额 180 万元，在当年生产经营活动中发生了公益性捐赠支出 28 万元，购买了价值 40 万元的节能节水专用设备。假设当年无其他纳税调整项目，企业所得税税率为 25%。

【要求 1】计算当年该公司应纳税所得额。

【要求 2】计算当年该公司应纳所得税税额。

［核算 10］

【资料】南京星辰电子有限公司 2026 年购入原材料成本为 8000 万元，由于市场需求变化，部分原材料暂时闲置，当期未领用。2026 年资产负债表日估计该原材料的可变现净值为 6200 万元，假定该原材料在 2026 年的期初余额为零。

【要求1】计算该公司2026年12月31日该原材料的账面价值并编制相应的会计分录。

【要求2】根据上述经济业务，确定纳税调整事项并计算应调整的应纳税所得额。

［核算11］

【资料】杭州晨光商贸有限公司为增值税一般纳税人，属于零售企业。2025年5月15日向苏州美味食品厂购入散装饼干300千克，取得增值税专用发票，单价为35元，金额为10500元，增值税税额为1365元，取得增值税专用发票的运费为1200元，增值税税额108元，货款、税款及运费通过银行存款已付，商品已验收入库。

【要求1】根据上述经济业务，计算散装饼干的计税基础。

【要求2】根据上述经济业务，编制相关会计分录。

［核算12］

【资料】2025年6月10日，广州华创科技有限公司为增值税一般纳税人，该公司购进一台需要安装的B设备，取得增值税专用发票注明的设备价款为120万元，可抵扣增值税进项税额为15.6万元，款项已通过银行支付。本公司自行安装B设备时，领用原材料

25 万元，支付安装工人工资 10 万元，2025 年 12 月 31 日 B 设备达到预定可使用状态。本公司会计针对 B 设备采用年数总和法计提折旧，预计使用年限为 4 年，预计净残值率为 4%，假设 B 设备按照年数总和法计提折旧符合企业所得税法相关规定。

【要求 1】按税法规定计算 2028 年计提的折旧。

【要求 2】根据上述经济业务，编制相关会计分录。

［核算 13］

【资料】深圳银河科技有限公司是工业企业的增值税一般纳税人，2025 年 6 月 15 日购入一台生产设备取得增值税专用发票，注明价款 150 万元、增值税税额 19.5 万元，该设备于当月投入使用。本公司财务制度规定机器设备的预计净残值率为 4%，使用年限为 8 年，本公司会计根据实际情况针对该设备采用直线法计提折旧。

【要求 1】按税法规定计算 2026 年计提的折旧。

【要求 2】根据上述经济业务，编制相关会计分录。

［核算 14］

【资料】某中外合资持股 30% 的电子设备制造企业，向 80% 持股的境内子公司转让一项账面余值（计税基础）为 800 万元的专利技术，取得转让收入 1200 万元，该项转让已经省科技部门认定登记。

【要求 1】计算技术转让所得。

【要求 2】根据上述经济业务，确定纳税调整事项并计算应调整的应纳税所得额。

[核算 15]

【资料】深圳鑫盛有限公司从深圳瑞达有限公司租入一处办公场地，租期 6 年，根据租赁合同，深圳鑫盛公司可对办公场地进行装修，费用自理。深圳鑫盛公司将装修工程承包给深圳创美装修公司，按合同先预付工程款 115200 元，工程完工后补付工程款 86400 元。假定装修费用按月摊销。

【要求 1】根据上述经济业务，编制相关会计分录。

【要求 2】根据税法规定，计算每月摊销额。

[核算 16]

【资料】广州辰星有限公司为企业所得税居民企业、增值税一般纳税人，2025 年度有关经济业务如下：

【业务 1】产品销售收入 900 万元，销售废料收入 30 万元，国债利息收入为 6 万元。

【业务 2】以产品抵偿债务，该批产品不含增值税售价 50 万元。

【业务 3】实际发放合理的工资薪金总额 120 万元，实际支付职工教育经费 2 万元，职工福利费 18 万元，工会经费 2.5 万元。

【业务 4】支付法院判决由企业承担的诉讼费 4 万元，税收滞纳金 5 万元，合同违约金 6 万元，银行罚款利息 7 万元。

【业务 5】因管理不善导致一批材料被盗，该批材料成本为 12 万元，对应的增值税进项税为 1.56 万元，取得保险公司赔款 7 万元，材料损失已经过税务机关核准。

【要求 1】根据上述经济业务，计算应税收入。

【要求 2】计算准予扣除的原材料损失额。

【要求 3】根据上述业务，确定纳税调整事项并计算应调整的应纳税所得额。

【要求 4】计算税前准予扣除的金额。

[核算 17]

【资料】北京云帆科技有限公司为居民企业，该企业 2025 年取得主营业务收入 5000 万元，主营业务成本 3200 万元，发生销售费用 880 万元（其中符合条件的广告费 780 万元），管理费用 550 万元（其中新产品技术开发费用 60 万元），财务费用 80 万元。

【要求 1】计算该企业当年广告费和业务宣传费的扣除限额和应调整的应纳税所得额。

【要求 2】计算研发费用应调整的应纳税所得额。

【要求 3】计算该企业应纳税所得额。

【要求 4】计算该企业应纳所得税税额。

［核算 18］

【资料】北京昌盛科技有限公司为居民企业，若该企业 2027 年年末主营业务收入 6000 万元、营业外收入 100 万元，与收入配比的成本 4800 万元，全年发生管理费用（其中业务招待费 250 万元）、销售费用和财务费用共计 800 万元，营业外支出 80 万元（其中含符合规定的公益性捐赠支出 60 万元），2021 年度经核定结转的亏损额 40 万元。该企业当年无其他纳税调整事项。

【要求 1】计算当年该企业应缴纳企业所得税税额。

【要求 2】计算当年应纳企业所得税税额。

［核算 19］

【资料】B 国的星辰国际有限公司在中国境内未设立机构、场所，但在 2025 年度从中国境内取得股息收入 12 万元、利息收入 9 万元、特许权使用费收入 10 万元，同时，该企业转让了其在中国境内的财产，转让收入 350 万元，该财产净值为 300 万元。

【要求】计算该企业当年在中国境内应纳的企业所得税税额。

［核算 20］

【资料】若鑫达机械制造企业 2027 年度会计利润总额为 600 万元，企业所得税税率为 25%，当年发生有关经济业务如下：

【业务 1】全年销售收入为 4000 万元。

【业务 2】“管理费用”中列支的业务招待费 48 万元。

【业务 3】“销售费用”中列支的广告费和业务宣传费 480 万元。

【业务 4】“营业外支出”中列支的税收罚款 2 万元，公益性捐赠支出 70 万元。

【业务 5】“投资收益”中有国债利息收入 8 万元。

【要求】计算该企业当年应纳企业所得税税额。

［核算 21］

【资料】若嘉美服装贸易公司 2027 年有关会计资料如下：

【业务 1】实现产品销售收入 3800 万元，取得国债利息收入 50 万元。

【业务 2】产品销售成本 2400 万元，销售费用 100 万元，上缴增值税 120 万元、消费税 180 万元、城市维护建设税 21 万元、教育费附加 9 万元。

【业务 3】向银行借款 150 万元用于生产经营，期限 8 个月，年利率 5%，支付利息 5 万元。

【业务 4】向非金融机构借款 180 万元用于生产经营，期限 6 个月，支付利息费用 7.2 万元。

【业务 5】管理费用 280 万元（其中业务招待费 25 万元）。

【业务 6】因火灾事故损失材料 20 万元，获保险公司理赔 12 万元。

【已知】企业所得税适用税率为 25%，假定无其他纳税调整事项。

【要求】计算该公司当年应缴纳的企业所得税税额。

［核算 22］

【资料】某企业 2025 年平均资产总额 3500 万元，职工平均人数 200 人，全年应纳税所得额 280 万元，符合小微企业条件。

【要求】计算该企业纳税年度应纳企业所得额。

［核算 23］

【资料】鸿远电器制造企业为居民企业，若 2027 年发生经营业务如下：

【业务 1】取得产品销售收入 5000 万元。

【业务 2】发生产品销售成本 2600 万元。

【业务 3】发生销售费用 880 万元（其中广告费 780 万元），管理费用 550 万元（其中业务招待费 32 万元），财务费用 70 万元。

【业务 4】销售税金 190 万元（含增值税 140 万元）。

【业务 5】营业外收入 100 万元，营业外支出 65 万元（含通过公益性社会团体向贫困山区捐款 40 万元；支付税收滞纳金 7 万元）。

【业务 6】计入成本、费用中的实发工资总额 280 万元、拨缴职工工会经费 7 万元；发生职工福利费 42 万元；发生职工教育经费 10 万元。

【要求】计算该企业纳税年度应纳税所得额和应纳所得税税额。

综合题

［综合 1］

【资料】高品建材有限公司为居民企业，主要从事建筑装饰材料的生产和销售业务。2024 年有关经营情况如下：

【业务 1】销售建筑装饰材料收入 8000 万元，提供建筑装饰材料设计服务收入 1000 万元。

【业务 2】转让使用过的生产设备收入 30 万元。

【业务 3】取得增值税留抵退税 117 万元。

【业务 4】发生与生产经营活动有关的业务招待费支出 100 万元。

【业务 5】发生符合条件的广告费和业务宣传费支出 1250 万元。

【业务 6】发生合理的劳动保护支出 10 万元，按规定计算的固定资产折旧费 390 万元，未经核定的准备金支出 50 万元，合理的会议费支出 5 万元。

【要求 1】根据上述业务，确定纳税调整事项并计算应调整的应纳税所得额。

【要求2】根据上述资料，不考虑其他因素，分析回答下列问题。

1. 下列各项中，应计入该公司当年企业所得税收入总额的是（　　）。

A. 取得增值税留抵退税 117 万元

B. 销售建筑装饰材料收入 8000 万元

C. 转让使用过的生产设备收入 30 万元

D. 提供建筑装饰材料设计服务收入 1000 万元

2. 在计算该公司当年企业所得税应纳税所得额时，准予扣除的业务招待费支出是（　　）万元。

A. 45　　B. 100　　C. 45.735　　D. 45.15

3. 在计算该公司当年企业所得税应纳税所得额时，准予扣除的广告费和业务宣传费支出是（　　）万元。

A. 1354.5　　B. 1204.5　　C. 1200　　D. 1250

4. 在计算该公司当年企业所得税应纳税所得额时，下列支出中，不得扣除的是（　　）。

A. 发生合理的劳动保护支出 10 万元

B. 按规定计算的固定资产折旧费 390 万元

C. 未经核定的准备金支出 50 万元

D. 合理的会议费支出 5 万元

［综合2］

【资料】暖绒服装有限公司为居民企业，主要从事羽绒服的生产和销售业务。2024年有关经营情况如下：

【业务1】销售羽绒服收入 9000 万元，提供羽绒服设计服务收入 2000 万元。

【业务2】转让使用过的生产设备收入 50 万元。

【业务3】取得增值税留抵退税款 110 万元。

【业务4】发生与生产经营活动有关的业务招待费支出 100 万元。

【业务5】发生符合条件的广告费和业务宣传费支出 1250 万元。

【业务6】发生合理的劳动保护支出 10 万元，按规定计算的固定资产折旧费 260 万元，未经核定的准备金支出 30 万元，合理的会议费支出 10 万元。

【要求1】根据上述业务，确定纳税调整事项并计算应调整的应纳税所得额。

【要求 2】根据上述资料，不考虑其他因素，分析回答下列问题。

1. 下列各项中，应计入该公司当年企业所得税收入总额的是（　　）。

A. 销售羽绒服收入 9000 万元　　B. 提供羽绒服设计服务收入 2000 万元

C. 转让使用过的生产设备收入 50 万元　　D. 取得增值税留抵退税款 110 万元

2. 在计算该公司当年企业所得税应纳税所得额时，准予扣除的业务招待费是（　　）万元。

A. 60　　B. 55.8　　C. 55.55　　D. 55

3. 在计算该公司当年企业所得税应纳税所得额时，准予扣除的广告费和业务宣传费支出是（　　）万元。

A. 1657.5　　B. 1650　　C. 1666.5　　D. 1250

4. 下列各项中，在计算该公司当年企业所得税应纳税所得额时准予扣除的是（　　）。

A. 合理的劳动保护支出 10 万元

B. 按规定计算的固定资产折旧费 260 万元

C. 未经核定的准备金支出 30 万元

D. 合理的会议费支出 10 万元

［综合 3］

【资料】荣盛食品生产企业 2024 年度取得销售货物收入 1600 万元、提供劳务收入 400 万元、接受捐赠收入 100 万元。会计报表上的利润总额为 200 万元。该企业 2024 年度其他有关情况如下：

【业务 1】通过省政府向灾区进行公益性捐赠 13 万元，通过乡政府向灾区捐赠 2.6 万元。

【业务 2】发生符合条件的广告费和业务宣传费支出 320 万元。

【业务 3】开发新技术的研究开发费用 20 万元（未形成无形资产计入当期损益）。

【业务 4】实际发生合理的劳动保护支出 10 万元。

【业务 5】直接向某足球队进行非广告性赞助 15 万元。

【业务 6】支付经营过程中发生的诉讼费 2.3 万元。

【业务 7】支付企业车队因违反交通法规的罚款 0.8 万元。

【要求 1】根据上述业务，确定纳税调整事项并计算应调整的应纳税所得额。

【要求2】计算该企业当年应纳税所得额。

【要求3】计算该企业当年应纳所得税税额。

【要求4】根据上述资料，不考虑其他因素，分析回答下列问题。

1. 在计算该企业当年企业所得税应纳税所得额时，准予扣除的公益性捐赠支出是（　　）万元。

A. 16　　B. 13　　C. 15.6　　D. 24

2. 在计算该企业当年企业所得税应纳税所得额时，准予扣除的广告费和业务宣传费支出金额是（　　）万元。

A. 240　　B. 300　　C. 315　　D. 320

3. 在计算该企业当年企业所得税应纳税所得额时，研究开发费用应纳税调减的金额是（　　）万元。

A. 40　　B. 20　　C. 15　　D. 35

4. 在计算该企业当年企业所得税应纳税所得额时，下列支出不得扣除的是（　　）。

A. 合理的劳动保护支出10万元

B. 直接向某足球队进行非广告性赞助15万元

C. 支付经营过程中发生的诉讼费2.3万元

D. 支付企业车队因违反交通法规的罚款0.8万元

［综合4］

【资料】尚杰服装有限公司为居民企业，主要从事服装的生产和销售。2024年有关收支情况如下：

【业务1】取得销售服装收入3500万元，转让国债收入75万元，规定专项用途并经批准的财政性资金200万元，被投资企业（非上市居民企业）分回股息150万元。

【业务 2】全年发生合理的工资、薪金总额 400 万元（其中含支付给残疾职工的工资 35 万元）。

【业务 3】3 月购入一台价值 516 万元的生产设备并于当月投入使用，该设备更新换代较快，会计上按直线法计提折旧，会计折旧年限为 10 年，预计净残值为零。税法规定的最低折旧年限及预计净残值与会计规定相同。该公司税务处理上选择享受固定资产加速折旧优惠政策，税法按双倍余额递减法计提折旧，折旧年限为税法规定的最低折旧年限的 60%。

【业务 4】6 月因经营需要借款 350 万元，其中向金融企业借款 250 万元，期限 6 个月，支付借款利息 7.5 万元；向符合条件的本公司职工（无关联关系）借款 100 万元，期限 6 个月，支付借款利息 5 万元；金融企业同期同类贷款年利率为 6%。

【要求 1】根据上述业务，确定纳税调整事项并计算应调整的应纳税所得额。

【要求 2】根据上述资料，不考虑其他因素，分析回答下列问题。

1. 在计算该公司当年企业所得税应纳税所得额时，下列收入中，应计入应纳税所得额的是（　　）。

A. 销售服装收入 3500 万元　　B. 财政性资金 200 万元

C. 分回的股息 150 万元　　D. 转让国债收入 75 万元

2. 在计算该公司当年企业所得税应纳税所得额时，工资薪金支出可以税前扣除的金额为（　　）万元。

A. 400　　B. 426.25　　C. 417.5　　D. 435

3. 在计算该公司当年企业所得税应纳税所得额时，购入生产设备计提的折旧费应纳税调减金额为（　　）万元。

A. 47.3　　B. 64.5　　C. 25.8　　D. 34.4

4. 在计算该公司当年企业所得税应纳税所得额时，准予扣除的利息支出金额是（　　）万元。

A. 7.5　　B. 12.5　　C. 10.5　　D. 5

［综合 5］

【资料】亮洁瓷砖有限公司为居民企业。2024 年有关收支情况如下：

【业务 1】取得产品销售收入 4000 万元，特许权使用费收入 100 万元，国债利息收入 50 万元，接受捐赠收入 100 万元。

【业务 2】业务招待费支出 50 万元，广告费支出 500 万元。

【业务 3】支付司法机关罚金 20 万元，支付给客户的违约金 10 万元。

【业务 4】直接向某希望小学捐款 100 万元，通过市民政局向目标脱贫地区捐款 30 万元。

【业务 5】计提准备金 50 万元，未经税务机关核定。

【业务 6】其他可在企业所得税税前扣除的成本、费用、税金合计 2000 万元。

【要求 1】根据上述业务，确定纳税调整事项并计算应调整的应纳税所得额。

【要求 2】运用“直接计算法”计算当年应纳税所得额。

【要求 3】计算该企业当年应纳所得税税额。

【要求 4】根据上述资料，不考虑其他因素，分析回答下列问题。

1. 下列收入中，应计入企业所得税应纳税所得额的是（　　）。

A. 产品销售收入 4000 万元　　B. 特许权使用费收入 100 万元

C. 国债利息收入 50 万元　　D. 接受捐赠收入 100 万元

2. 在计算该公司当年应纳税所得额时，下列关于业务招待费和广告费准予扣除数额的表述中，正确的是（ ）。

A. 业务招待费准予扣除的数额为 20.5 万元

B. 业务招待费准予扣除的数额为 30 万元

C. 广告费准予扣除的数额为 500 万元

D. 广告费准予扣除的数额为 615 万元

3. 下列支出中，在计算该公司当年企业所得税应纳税所得额时，可以税前扣除的是（ ）。

A. 支付司法机关罚金 20 万元

B. 通过市民政局向目标脱贫地区捐款 30 万元

C. 向某希望小学捐款 100 万元

D. 计提准备金 50 万元

4. 计算该公司当年企业所得税应纳税所得额为（ ）万元。

A. 1689.5　　B. 1545　　C. 1639.5　　D. 1589.5

［综合 6］

【资料】美鲜食品有限公司为居民企业，主要从事预制菜的加工、销售业务，2024 年经营情况如下：

【业务 1】销售收入 10000 万元。

【业务 2】缴纳增值税 390 万元，房产税 27.4 万元，城镇土地使用税 3 万元，印花税 2.7 万元。

【业务 3】购买理财产品到期赎回且发生投资损失 9 万元，存货盘亏 3 万元、责任人赔偿 1.2 万元，生产设备报废损失 0.2 万元，因管理不善丢失运输工具损失 0.26 万元（不考虑进项税额因素）。

【业务 4】发生广告费和业务宣传费 1000 万元，以前年度结转 600 万元。

【业务 5】符合条件的技术转让所得 800 万元。

【要求 1】根据上述业务，确定纳税调整事项并计算应调整的应纳税所得额。

【要求 2】根据上述资料，不考虑其他因素，分析回答下列问题。

1. 在计算该公司当年企业所得税应纳税所得额时，准予扣除的税金是（　　）。

A. 缴纳的增值税 390 万元　　B. 缴纳的房产税 27.4 万元

C. 缴纳的城镇土地使用税 3 万元　　D. 缴纳的印花税 2.7 万元

2. 在计算该公司当年企业所得税应纳税所得额时，准予扣除的损失合计是（　　）万元。

A. 13.66　　B. 12.46　　C. 11.29　　D. 11.26

3. 在计算该公司当年企业所得税应纳税所得额时，准予扣除的广告费和业务宣传费支出是（　　）万元。

A. 1600　　B. 1500　　C. 1000　　D. 600

4. 在计算该公司当年企业所得税应纳税所得额时，符合条件的技术转让所得纳税调减的金额是（　　）万元。

A. 650　　B. 800　　C. 400　　D. 500

［综合 7］

【资料】峥嵘保健器材销售公司为居民企业，2024 年有关收支情况如下：

【业务 1】取得产品销售收入 5000 万元、从未上市居民企业取得股息收入 40 万元、国债利息收入 20 万元、客户合同违约金收入 2 万元。

【业务 2】支付税收滞纳金 3 万元、银行罚息 10 万元，向投资者支付股息 30 万元，向关联企业支付管理费 17 万元。

【业务 3】成本、费用中含实发合理工资、薪金支出 1000 万元，发生职工福利费支出、职工教育经费支出、拨缴的工会经费分别为 200 万元、70 万元、20 万元。

【业务 4】其他可在企业所得税税前扣除的成本、费用、税金合计为 2600 万元。

【要求 1】根据上述业务，确定纳税调整事项并计算应调整的应纳税所得额。

【要求 2】计算该公司当年应纳税所得额。

【要求 3】计算该公司当年应纳所得税税额。

【要求 4】根据上述资料，不考虑其他因素，分析回答下列问题。

1. 下列收入中，属于免税收入的是（　　）。

A. 从未上市居民企业取得股息收入 40 万元　　B. 产品销售收入 5000 万元

C. 客户合同违约金收入 2 万元　　D. 国债利息收入 20 万元

2. 下列支出中，在计算当年企业所得税应纳税所得额时，不得扣除的是（　　）。

A. 税收滞纳金 3 万元　　B. 银行罚息 10 万元

C. 向关联企业支付管理费 17 万元　　D. 向投资者支付股息 30 万元

3. 在计算该公司当年企业所得税应纳税所得额时，准予扣除的职工福利费支出、职工教育经费支出、拨缴的工会经费合计为（　　）万元。

A.230　　B.240　　C.290　　D.300

4. 计算该公司当年企业所得税应纳税所得额是（　　）万元。

A.1152　　B.1080　　C.1162　　D.1075

［综合 8］

【资料】利民科技有限公司为居民企业，2024 年有关经营情况如下：

【业务 1】销售货物取得收入 5000 万元，依法取得规定专项用途并经国务院批准的财政性资金 150 万元，出租闲置厂房取得租金收入 200 万元，取得到期国债利息收入 250 万元，取得非上市公司分配的股息收入 300 万元，取得符合条件的技术所有权转让收入 1300 万元（相关成本费用 500 万元）。

【业务 2】发生与生产经营活动有关的业务招待费支出 60 万元。

【业务 3】发生捐赠支出 27 万元，其中直接向丁中学捐赠 3 万元，通过市民政部门用于希望工程的捐赠 24 万元。

【业务 4】该公司全年利润总额为 190 万元。

【要求 1】根据上述业务，确定纳税调整事项并计算应调整的应纳税所得额。

【要求 2】根据上述资料，不考虑其他因素，分析回答下列问题。

1. 该公司的下列收入中，在计算当年企业所得税应纳税所得额时，属于免税收入的是（　　）。

A. 取得规定专项用途并经国务院批准的财政性资金 150 万元

B. 出租闲置厂房取得租金收入 200 万元

C. 取得到期国债利息收入 250 万元

D. 取得非上市公司分配的股息收入 300 万元

2. 在计算该公司当年企业所得税应纳税所得额时，准予扣除的业务招待费支出金额是（　　）万元。

A. 25　　B. 26　　C. 60　　D. 36

3. 在计算该公司当年企业所得税应纳税所得额时，符合条件的技术所有权转让所得应当纳税调减的金额是（　　）万元。

A. 400　　B. 500　　C. 800　　D. 650

4. 在计算该公司当年企业所得税应纳税所得额时，准予扣除的公益性捐赠支出金额是（　　）万元。

A. 22.8　　B. 24　　C. 27　　D. 25.8

［综合 9］

【资料】新创机械设备有限公司为居民企业，主要从事机器设备制造和销售业务。2024 年度有关经营情况如下：

【业务 1】实际发生合理的工资、薪金支出 1000 万元，发生职工教育经费支出 70 万元。

【业务 2】计提未经核定的资产减值准备 20 万元；发生非广告性赞助支出 10 万元；发生诉讼费用 2 万元；员工因公出差乘坐交通工具发生的人身意外保险费支出 0.2 万元。

【业务 3】7 月购进的一台设备已于当月投入使用，该设备价值 30 万元，进项税额 3.9 万元已于当月申报抵扣；该设备当年计提折旧 2.5 万元，该公司选择将该设备的价值一次性计入当期成本费用在计算应纳税所得额时扣除。

【业务 4】利润总额 2400 万元。

【要求 1】根据上述业务，确定纳税调整事项并计算应调整的应纳税所得额。

【要求 2】计算当年企业所得税应纳税所得额。

【要求 3】计算当年应纳所得税税额。

【要求 4】根据上述资料，不考虑其他因素，分析回答下列问题。

1. 在计算当年企业所得税应纳税所得额时，准予扣除的职工教育经费支出是（　　）万元。

A. 55　　B. 85　　C. 80　　D. 70

2. 在计算当年企业所得税应纳税所得额时，购进并投入使用的设备纳税调整减少的金额是（　　）万元。

A. 27.5　　B. 32.5　　C. 33.9　　D. 36.4

3. 在计算当年企业所得税应纳税所得额时，下列各项中，不得扣除的是（　　）。

A. 诉讼费用 2 万元　　B. 未经核定的资产减值准备 20 万元

C. 人身意外保险费支出 0.2 万元　　D. 非广告性赞助支出 10 万元

4. 计算当年企业所得税应纳税所得额为（　　）万元。

A. 2392.5　　B. 2356.3　　C. 2402.2　　D. 2422

［综合 10］

【资料】世纪优品建材有限公司为居民企业，主要从事建筑材料生产和销售业务。2024 年有关经营情况如下：

【业务 1】销售收入 50000 万元。

【业务 2】发生与生产经营活动有关的业务招待费支出 480 万元。

【业务 3】发生合理的工资、薪金支出 1000 万元，发生职工福利费支出 180 万元、职工教育经费支出 100 万元、拨缴工会经费 20 万元。

【业务 4】6 月购进的一台运输设备已于当月投入使用，该运输设备不含增值税价值 50 万元，进项税额 6.5 万元已于当月申报抵扣；该运输设备当年计提折旧 5 万元，公司选择将该运输设备的价值一次性计入当期成本费用在计算应纳税所得额时扣除。

【业务5】转让一处经营用房产，缴纳增值税 10 万元，城市维护建设税 0.7 万元，教育费附加、地方教育附加 0.5 万元，印花税 0.1 万元。

【要求1】根据上述业务，确定纳税调整事项并计算应调整的应纳税所得额。

【要求2】根据上述资料，不考虑其他因素，分析回答下列问题。

1. 计算该公司当年企业所得税应纳税所得额时，准予扣除的业务招待费支出是（　　）万元。

A. 250　　B. 288　　C. 480　　D. 230

2. 在计算该公司当年企业所得税应纳税所得额时，准予扣除的职工福利费支出、职工教育经费支出和拨缴的工会经费支出合计为（　　）万元。

A. 260　　B. 240　　C. 280　　D. 300

3. 在计算该公司当年企业所得税应纳税所得额时，购进并投入使用的运输设备纳税调整减少的金额是（　　）万元。

A. 5　　B. 45　　C. 50　　D. 51.5

4. 在计算该公司当年企业所得税应纳税所得额时，公司转让经营用房产缴纳的下列税费中，准予扣除的是（　　）。

A. 教育费附加、地方教育附加 0.5 万元　　B. 城市维护建设税 0.7 万元

C. 增值税 10 万元　　D. 印花税 0.1 万元

［综合 11］

【资料】长宏电子设备公司（一般纳税人）为居民企业，主要从事电子设备的制造业务。2024 年有关经营情况如下：

【业务1】销售电子设备收入 2000 万元，提供技术服务收入 500 万元，转让股权收入 3000 万元。经税务机关核准上年已作损失处理后又收回的其他应收款 15 万元。

【业务2】取得符合税收优惠条件的技术所有权转让收入 800 万元，发生与之相关的转让成本及税费 160 万元。

【业务3】缴纳增值税 180 万元，城市维护建设税和教育费附加 18 万元，房产税 25 万元，预缴企业所得税税款 43 万元。

【业务 4】发生与生产经营有关的业务招待费支出 50 万元。

【业务 5】支付残疾职工工资 14 万元，发生新技术研究开发费用未形成无形资产计入当期损益 19 万元。

【业务 6】购置一台《环境保护专用设备企业所得税优惠目录（2017 年版）》规定的环境保护专用设备，增值税专用发票注明金额 35 万元，购置当年即投入使用。

【要求 1】根据上述业务，确定纳税调整事项并计算应调整的应纳税所得额。

【要求 2】根据上述资料，不考虑其他因素，分析回答下列问题。

1. 下列税费中，在计算当年企业所得税应纳税所得额时，准予扣除的是（　　）。

A. 增值税 180 万元

B. 预缴企业所得税税款 43 万元

C. 城市维护建设税和教育费附加 18 万元

D. 房产税 25 万元

2. 下列关于该设备公司当年技术转让所得纳税调整的表述中，正确的是（　　）。

A. 纳税调增 640 万元　　B. 纳税调减 570 万元

C. 纳税调减 800 万元　　D. 纳税调增 320 万元

3. 在计算当年企业所得税应纳税所得额时，准予扣除的业务招待费支出是（　　）万元。

A. 27.575　　B. 30　　C. 12.5　　D. 25

4. 关于该公司当年可以享受企业所得税税收优惠的下列表述中，正确的是（　　）。

A. 支付残疾职工的工资，在据实扣除的基础上，按照 14 万元的 200% 在计算当年应纳税所得额时加计扣除

B. 购置环境保护专用设备 35 万元投资额的 20% 可以从当年的应纳税额中抵免

C. 新技术研究开发费用未形成无形资产计入当期损益的，在据实扣除的基础上，按照 19 万元的 100% 在计算当年应纳税所得额时加计扣除

D. 购进环境保护专用设备 35 万元可以一次性在计算当年应纳税所得额时扣除

[综合 12]

【资料】群鹤服装生产企业为居民企业，2025 年发生以下经营业务：

【业务 1】取得产品销售收入 6000 万元。

【业务 2】发生产品销售成本 3900 万元。

【业务 3】发生销售费用 1155 万元（其中广告费为 975 万元）。

【业务 4】发生管理费用 720 万元（其中业务招待费为 37.5 万元）。

【业务 5】发生财务费用 90 万元。

【业务 6】销售税金为 240 万元（含增值税 180 万元）。

【业务 7】营业外收入为 120 万元。

【业务 8】营业外支出为 75 万元（含通过公益性社会团体向贫困山区捐款 45 万元，支付税收滞纳金 9 万元）。

【其他资料 1】计入成本、费用中的实发工资总额为 300 万元，拨缴职工工会经费 7.5 万元，发生职工福利费 46.5 万元，发生职工教育经费 10.5 万元。

【其他资料 2】本年度该企业已预缴所得税税额为 30 万元。

【要求 1】计算该企业年度会计利润。

【要求 2】根据上述业务，确定纳税调整事项并计算应调整的应纳税所得额。

【要求 3】计算该企业应纳税所得额。

【要求 4】计算该企业应纳企业所得税税额。

【要求 5】填写企业所得税年度纳税申报表。

企业所得税年度纳税申报表（A 类）

行次	类别	项目	金额
1	利润总额计算	一、营业收入（填写 A101010\101020\103000）	
2		减：营业成本（填写 A102010\102020\103000）	
3		减：税金及附加	
4		减：销售费用（填写 A104000）	
5		减：管理费用（填写 A104000）	
6		减：财务费用（填写 A104000）	
7		减：资产减值损失	
8		加：公允价值变动收益	
9		加：投资收益	
10		二、营业利润（1－2－3－4－5－6－7＋8＋9）	
11		加：营业外收入（填写 A101010\101020\103000）	
12		减：营业外支出（填写 A102010\102020\103000）	
13		三、利润总额（10＋11－12）	
14	应纳税所得额计算	减：境外所得（填写 A108010）	
15		加：纳税调整增加额（填写 A105000）	
16		减：纳税调整减少额（填写 A105000）	
17		减：免税、减计收入及加计扣除（填写 A107010）	
18		加：境外应税所得抵减境内亏损（填写 A108000）	
19		四、纳税调整后所得（13－14＋15－16－17＋18）	
20		减：所得减免（填写 A107020）	
21		减：弥补以前年度亏损（填写 A106000）	
22		减：抵扣应纳税所得额（填写 A107030）	
23		五、应纳税所得额（19－20－21－22）	

（续表）

行次	类别	项目	金额
24	应纳税额计算	税率（25%）	
25		六、应纳所得税税额（23 × 24）	
26		减：减免所得税税额（填写 A107040）	
27		减：抵免所得税税额（填写 A107050）	
28		七、应纳税额（25 – 26 – 27）	
29		加：境外所得应纳所得税税额（填写 A108000）	
30		减：境外所得抵免所得税税额（填写 A108000）	
31		八、实际应纳所得税税额（28 + 29 – 30）	
32	应纳税额计算	减：本年累计实际已缴纳的所得税税额	
33		九、本年应补（退）所得税税额（31 – 32）	
34		其中：总机构分摊本年应补（退）所得税税额（填写 A109000）	
35		财政集中分配本年应补（退）所得税税额（填写 A109000）	
36		总机构主体生产经营部门分摊本年应补（退）所得税税额（填写 A109000）	
FZ1	实际应纳税额计算	中央级收入实际应补（退）所得税税额［一般企业 33 × 60%；总机构（34 + 36）× 60% + 35］	
FZ2		地方级收入应补（退）所得税税额［一般企业 33 × 40%；总机构（34 + 36）× 40%）］	
37		本年民族自治地区地方分享部分优惠方式	
37.0		优惠幅度（0 为不减免，100% 为免征）	
37.1		本年应减免金额（一般企业 33 行 × 40% × 37.0 行“优惠幅度”；总机构 A109000 表第 18 行）	
37.2		本年累计已减免金额（本年度 4 季度预缴申报表 23.1 行，总机构 A109000 表第 19 行）	
37.3		因优惠产生的地方级收入应补（退）金额（37.1 – 37.2）	
37.4		总机构及分支机构地方级收入全年减免总额（37.1 + A109100 第 12 列合计）	
FZ3		地方级收入实际应补（退）所得税税额（FZ2 – 37.3）	
38		十、实际应补（退）所得税税额（FZ1 + FZ3）	

第六章　个人所得税认知

学情解密

学习指南

个人所得税是主体税中重要税种之一，涉税业务与个人日常生活息息相关。本章主要介绍个人所得税的纳税义务人、税目、税率、计税依据、税额以及征收管理要求。通过本项目的学习，全面了解个人所得税具体征税规定，并能应用个人所得税税收政策对个人所得税涉税业务进行税务处理，个人所得税的学习应重点区分综合所得项目与其他所得项目计税方式，同时比较个人所得税与企业所得税的共性与差异，以便加强税收政策的应用。

知识框架

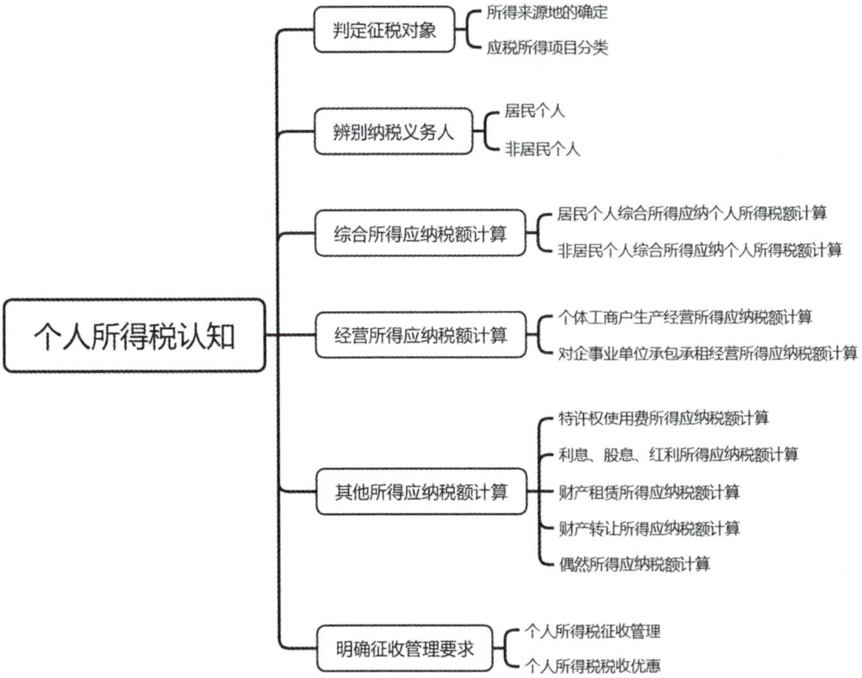

学习目标

◆ 知识目标

1. 辨别居民个人与非居民个人；

2. 根据不同应税所得项目选择适用税率；

3. 确认个人所得税纳税义务发生时间、纳税期限与纳税地点。

◆ 技能目标

1. 计算综合所得的应纳税额；

2. 计算经营所得的应纳税额；

3. 计算财产租赁所得，财产转让所得，利息、股息、红利所得，偶然所得应纳税额。

◆ 情感目标

1. 正确认识个人所得税积极调节个人收入、规范财富积累机制中的重大作用；

2. 积极关注个人所得税税收政策（税收优惠）的变化给人民生活带来的普惠性影响；

3. 个人所得税的改革历程体现国家对人民的生活质量的关切与重视，应当时刻谨记幸福生活来之不易。

温馨提示

1. 区分个人所得税 2 类纳税义务人（居民个人与非居民个人），善于比较企业所得税中纳税义务人判定的差异。

2. 准确划分个人所得税征税范围所属税目（综合所得、经营所得、其他所得），是正确税务处理的前提条件。

3. 专项附加扣除项目的界定标准和计算方式是个人所得税学习中的热点问题，在学习过程中应结合生活案例确定扣除标准。

知识要点与例题

要点 1：个人所得税纳税义务人

个人所得税的纳税人包括中国公民、个体工商户以及在中国的所有外籍人员、华侨、港澳同胞等。其分为居民纳税人和非居民纳税人。

判断个人所得税纳税人的标准

纳税人	判断标准	征收范围
居民个人	①在中国境内有住所的个人； ②在中国境内无住所且一个纳税年度内在中国境内居住累计满183天的个人	来源于中国境内和境外的全部所得纳税
非居民个人	①在中国境内无住所且不居住的个人； ②在中国境内无住所且一个纳税年度内在中国境内居住累计不满183天的个人	仅就其来源于中国境内的所得，在我国纳税

注：1、"境内住所"指在中国境内有住所，是指因户籍、家庭、经济利益关系而在中国境内习惯性居住；
2、"累计满183天"指应当在一个纳税年度（自公历1月1日起至12月31日止）内计算；
3、个人所得税纳税人包括中国公民、个体工商户、个人独资企业投资人和合伙企业个人合伙人等。

【例题】

【单选题】下列不属于来源于中国境内的所得的是（　　）。

A. 中国公民郭元将中国境内一套上海黄浦区的房屋出租给麦瑞使用而取得的所得

B. 从中国境内的某公司、事业单位、其他组织及居民个人取得的利息、股息、红利所得

C. 许可各种特许权在中国境内使用而取得的所得

D. 因任职、受雇、履约等而在中国境内提供劳务取得的所得

【正确答案】A

要点2：征税对象与税率

个人所得税税目税率表

征税对象		税率	备注
应税税目—综合所得	工资、薪金所得	3%~45%七级超额累进税率	①居民个人取得的综合所得，按纳税年度合并计算个人所得税 ②非居民个人取得的综合所得，按月或者按次分项计算个人所得税
	劳务报酬所得		
	稿酬所得		
	特许权使用费所得		

（续表）

征税对象	税率	备注
应税税目—经营所得	5%~35% 五级超额累进税率	依照法律规定计算个人所得税
应税税目—利息、股息、红利所得	比例税率 20%	自 2008 年 10 月 9 日起，储蓄存款利息暂免征收个人所得税
应税税目—财产租赁所得		个人出租住房适用 10% 的税率
应税税目—财产转让所得		依照法律规定计算个人所得税
应税税目—偶然所得		依照法律规定计算个人所得税

注：个人所得的形式，包括现金、实物、有价证券和其他形式的经济利益。

【例题】

【单选题】根据个人所得税法律制度的规定，在中国境内有住所的居民取得的下列所得中，属于综合所得的是（　　）。

A. 经营所得　　B. 劳务报酬所得

C. 利息、股息、红利所得　　D. 财产租赁所得

【正确答案】B

【答案解析】房屋使用地在中国境内，所以该出租房屋取得的所得属于来源于中国境内的所得。

要点 3：专项扣除与专项附加扣除

1. 允许扣除项目

（1）累计扣除费用：60000（按照每月 5000 元计算扣除）元。

（2）专项扣除项目：包括居民个人按照国家规定的范围和标准缴纳的基本养老保险、基本医疗保险、失业保险等社会保险费和住房公积金等。

（3）专项附加扣除项目。

专项附加扣除项目

专项附加扣除项目	扣除内容	年扣除金额
子女教育专项附加扣除	纳税人的子女接受学前教育和学历教育的相关支出；子女年龄年满 3 岁的在中国境内和在境外接受教育的“按子女人数加倍”扣除	24000（父母双方或一方扣除，每个月可以在税前扣除 2000 元）
婴幼儿照护专项附加扣除	2023 年度开始 3 岁以下婴幼儿照护每月扣除 2000 元，“按婴幼儿人数加倍”扣除	24000（父母双方或一方扣除，每个月可以在税前扣除 2000 元）

（续表）

专项附加扣除项目	扣除内容	年扣除金额
继续教育专项附加扣除	纳税人境内接受学历（学位）继续教育的支出（也可以选择由本人扣除）	在学历（学位）教育期间按照每年4800元（每月400元）定额扣除
	纳税人接受技能人员职业资格继续教育、专业技术人员职业资格继续教育支出	在取得相关证书的年度，按照3600元（每月300元）定额扣除
大病医疗专项附加扣除	一个纳税年度内大病医疗支出	可以按照每年80000元标准限额据实扣除
住房贷款利息专项附加扣除	本人或配偶使用商业银行或住房公积金个人住房贷款为本人或其配偶购买境内住房，首套住房贷款利息支出	在实际发生贷款利息年度，按每月1000元标准定额扣除（扣除期限最长不超过240个月）
住房租金专项附加扣除	纳税人本人及配偶在纳税人的主要工作城市没有自有住房，而在主要工作城市租赁住房发生的租金支出	承租的住房位于直辖市、省会、计划单列市及国务院确定其他城市，扣除标准为每年18000元（每月1500元）
		人口不超过100万（含）的，扣除标准为每年9600元（每月800元）
赡养老人专项附加扣除	纳税人赡养60岁（含）以上父母以及其他法定赡养人的赡养支出，赡养2个及以上老人的，“不按老人人数加倍”扣除	纳税人为独生子女的，按照每年36000元（每月赡养老人专项附加扣除标准自2023年1月开始由每月2000元提高到3000元，独生子女按照每月3000元的标准定额扣除）
	①纳税人为独生子女的，按照每年36000元的扣除额度；②纳税人为非独生子女的，应当与其兄弟姐妹分摊每年36000元的扣除额度，分摊方式包括平均分摊、被赡养人指定分摊或者赡养人约定分摊	纳税人为非独生子女的，非独生子女与兄弟姐妹分摊每年36000元(每月3000元）扣除额度；每一纳税人分摊的扣除额最高不得超过每年18000元（每月1500元），并签订书面分摊协议

（4）其他扣除项目：企业年金、职业年金、商业健康保险、税收递延型商业养老保险。

①购买符合规定的商业健康保险产品的支出在当年（月）计算应纳税所得额时予以税前扣除，扣除限额为2400元/年（200元/月）。

②专项扣除、专项附加扣除和依法确定的其他扣除，以居民个人一个纳税年度的应纳税所得额为限额。一个纳税年度扣除不完的，“不结转”以后年度扣除。

2. 应纳税所得额

应纳税所得额＝每年收入额－累计减除费用－专项扣除－专项附加扣除－其他扣除

3. 应纳税额

应纳税额 = 应纳税所得额 × 适用税率 – 速算扣除数

4. 本期应预扣预缴税额

本期应预扣预缴税额 =（累计预扣预缴应纳税所得额 × 预扣率 – 速算扣除数）– 累计减免税额 – 累计已预扣预缴税额

【例题】

【计算题】刘某是中国公民，独生子、单身、父母均已年满 66 岁，在上海某公司工作。2024 年取得工资收入 280000 元，在某大学授课取得收入 50000 元，发表专业论文取得稿酬 30000 元，转让商标使用权取得收入 40000 元。已知：赵某个人缴纳“三险一金”40000 元，赡养老人支出税法规定的扣除金额为 36000 元，假设无其他扣除项目。假设已预缴 28650.4 元。

【要求】计算刘某 2024 年应缴纳的个人所得税并做汇算清缴。

【正确答案】

（1）工资薪金、劳务报酬、稿酬、特许权使用费为综合所得。

（2）劳务报酬所得、稿酬所得、特许权使用费所得以收入减除 20% 的费用后的余额为收入额。稿酬所得的收入额减按 70% 计算。

（3）应纳税所得额 = 280000 + 50000 ×（1 – 20%）+ 30000 ×（1 – 20%）× 70% + 40000 ×（1 – 20%）– 60000 – 40000 – 36000 = 232800（元）

（4）适用税率为 20%，速算扣除数 16920（元）。

（5）应纳税额 = 232800 × 20% – 16920 = 29640（元）

（6）汇算清缴应补缴税额 = 29640 – 28650.4 = 989.6（元）

要点 4：经营所得个人所得税的计算

1. 个人所得税中“经营所得”的征税范围

（1）“个体工商户”从事生产、经营活动取得的所得，“个人独资企业投资人”“合伙企业的个人合伙人”来源于境内注册的个人独资企业、合伙企业生产、经营的所得；

（2）个人依法取得执照，从事办学、医疗、咨询以及其他有偿服务活动取得的所得；

（3）个人对企业、事业单位“承包”经营、“承租”经营以及“转包、转租”取得的所得。

2. 个人所得税中“经营所得”的适用税率——个人所得税五级超额累进税率

经营所得个人所得税税率表

级数	全年应纳税所得额	税率	速算扣除数（元）
1	不超过 30000 元	5%	0
2	超过 30000 元至 90000 元的部分	10%	1500
3	超过 90000 元至 300000 元的部分	20%	10500
4	超过 300000 元至 500000 元的部分	30%	40500
5	超过 500000 元的部分	35%	65500

3. 计税方法

按“年”计征。

4. 全年应纳税所得额

全年应纳税所得额是指依照税法规定，以每一纳税年度的收入总额减除成本、费用以及损失后的余额。

5. 税收优惠

对个体工商户经营所得年应纳税所得额不超过 100 万元的部分，在现行优惠政策基础上，再减半征收个人所得税。

【例题】

【多选题】2024 年张某设立的个体工商户在生产经营活动中发生下列支出：向工商银行借款利息支出 24000 元，给客户非广告性的赞助支出 80000 元，张某本人的工资薪金支出 360000 元，为员工购买劳保用品支出 40000 元。在计算张某 2024 年度经营所得个人所得税应纳税所得额时，准予扣除的项目有（　　）。

A. 购买劳保用品支出 40000 元　　B. 非广告性的赞助支出 80000 元

C. 向工商银行借款利息支出 24000 元　　D. 本人的工资薪金支出 360000 元

【正确答案】AC

【答案解析】劳动用品支出与利息支出准予税前扣除。非广告性赞助支出、个体工商户工资薪金不得税前扣除。

三 要点5：其他所得个人所得税的计算

1. 财产租赁所得

（1）征税范围：个人“出租”不动产、土地使用权、机器设备、车船以及其他财产而取得的所得。

（2）税率：个人出租“住房”按照10%计税；个人出租“非住房”按照20%计税。

（3）计税方法：按次计征，以（每套住房）“1个月”内取得的收入为一次。

（4）应纳税所得额：采用“定额和定率相结合”的扣除方式：

①每次收入额≤4000元的：应纳税所得额=每次收入额-800

②每次收入额>4000元的：应纳税所得额=每次收入额×（1-20%）

（5）应纳税额：

①每次（月）收入不超过4000元的：

应纳税额=[每次（月）收入额-财产租赁过程中缴纳的税费-修缮费用（800元为限）-800]×20%

②每次（月）收入超过4000元的：

应纳税额=[每次（月）收入额-财产租赁过程中缴纳的税费-修缮费用（800元为限）]×（1-20%）×20%

【例题】

【判断题】黄某转租房屋，其向房屋出租方支付的租金及增值税税额，在计算财产租赁所得个人所得税时，准予扣除。（　　）

【正确答案】对

【答案解析】租金与增值税准予税前扣除。

2. 财产转让所得

（1）征税范围：

①财产转让所得是指个人“转让”有价证券、股权、合伙企业中的财产份额、不动产、机器设备、车船以及其他财产取得的所得。

②个人以“非货币性资产投资”，属于转让和投资同时发生，对转让所得应按“财产转让所得”征税。

③个人通过招标、竞拍或其他方式购置债权以后，通过相关司法或行政程序主张债权而取得的所得，按“财产转让所得”征税。

④个人通过网络收购玩家的虚拟货币，加价后向他人出售取得的收入，按“财产转让所得”征税。

（2）税率：20%。

（3）计税方法：按“次”计征。

（4）应纳税所得额 = 转让财产收入 – 原值 – 合理费用。

（5）应纳税额 = 应纳税所得额 ×20%。

【例题】

【单选题】2024 年 6 月张某转让其所有的两套普通住房中的一套，取得转让收入 588 万元，支付合理费用 24.4 万元。该住房为张某 6 年前购入，房产原值为 336 万元。已知财产转让所得个人所得税税率为 20%。计算张某转让该套住房应缴纳个人所得税税额为（　　）万元。

A.117.6　　B.45.52　　C.50.4　　D.112.72

【正确答案】B

【答案解析】应纳税所得额 =（588 – 24.4 – 336）×20% = 227.6 万元

3. 利息、股息、红利所得税目

（1）征税范围：个人拥有债权、股权等而取得的利息、股息、红利性质的所得。

（2）税率：20%。

（3）计税方法：按“次”计征，以“每次收入额”为应纳税所得额，不扣减任何费用。

（4）应纳税额 = 应纳税所得额 ×20%。

4. 偶然所得税目

（1）征税范围：个人得奖、中奖、中彩以及其他偶然性质的所得。

（2）税率：20%。

（3）计税方法：按“次”计征，以“每次收入额”为应纳税所得额，不扣减任何费用。

（4）应纳税额 = 应纳税所得额 ×20%。

【例题】

【单选题】2024 年 7 月张某购买福利彩票取得一次中奖收入 100000 元，购买彩票支出 1000 元。已知，偶然所得个人所得税税率为 20%。计算张某当月该笔中奖收入应缴纳的个人所得税税额为（　　）元。

A.20000　　B.19800　　C.15840　　D.16000

【正确答案】A

【答案解析】应纳个人所得税税额 = 100000×20% = 20000 元。

强化训练

单选题

1. 根据个人所得税法律制度的规定，下列各项中，不属于个人所得税纳税人的有（　　）。

A. 一人有限责任公司　　B. 合伙企业个人合伙人

C. 个人独资企业投资人　　D. 个体工商户

2. 根据个人所得税法律制度，下列各项收入中，不应按“工资、薪金所得”项目征收个人所得税的是（　　）。

A. 王某本月取得单位全勤奖 2000 元

B. 李某参加某商场活动中奖 1000 元现金

C. 兼职律师黄某从律师事务所取得工资、薪金性质的所得

D. 黎某退休再就业任职取得的收入

3. 根据个人所得税法律制度，下列各项收入中，应按“稿酬所得”税目征收个人所得税的是（　　）。

A. 蔡某出版或发表的小说所得稿酬

B. 李某未任职以外的会计师事务所取得的审稿收入

C. 华某接单非任职公司的翻译文稿收入

D. 张某工作之余取得的书画收入

4. 根据个人所得税法律制度，利息、股息、红利所得，财产租赁所得，财产转让所得，偶然所得适用的比例税率为（　　）。

A. 10%　　B. 3%　　C. 20%　　D. 30%

5. 李某取得的下列所得中，按照“特许权使用费所得”项目预扣预缴个人所得税的有（　　）。

A. 将自己的论文手稿原件拍卖取得的所得

B. 应邀担任学术会议主讲嘉宾取得的报酬

C. 将自己的研究成果整理成文章发表取得的报酬

D. 将自己的摄影作品发表在杂志上取得的报酬

6. 2024 年 1 月，中国居民张某将一项专利权的使用权转让给甲公司，取得收入 60000

元。张某该笔所得应预扣预缴个人所得税税额为（　　）元。

A. 12000　　B. 8000　　C. 7360　　D. 9600

7. 2024 年 3 月，我国居民李某出版一部网络小说，取得稿酬 20000 元。计算李某当月稿酬所得应缴纳个人所得税税额（　　）元。

A. 600　　B. 4000　　C. 2240　　D. 2000

8. 张某任职于甲公司，2024 年 12 月取得全年一次性奖金 36000 元，假设选择单独计税，计算张某全年一次性奖金应缴纳的个人所得税（　　）元。

A. 930　　B. 1080　　C. 2240　　D. 3000

9. 我国居民原某 2024 年 3 月出版一部小说，取得稿酬 26000 元。计算原某当月稿酬所得应缴纳个人所得税税额（　　）元。

A. 930　　B. 2912　　C. 2240　　D. 3000

10. 根据个人所得税法律制度的规定，下列各项中不属于专项附加扣除的是（　　）。

A. 大病医疗支出　　B. 子女教育支出

C. 住房贷款利息支出　　D. 按照规定缴纳的基本医疗保险

11. 张某设立的教育培训机构属于个体工商户。2024 年度取得销售收入 500 万元，在经营活动发生业务招待费 15 万元，计算黄某 2024 年度经营所得个人所得税应纳税所得额时，准予扣除的业务招待费为（　　）万元。

A. 2.5　　B. 15　　C. 25　　D. 2

12. 2024 年 7 月张某购买福利彩票取得一次中奖收入 50000 元，购买彩票支出 2360 元。已知，偶然所得个人所得税税率为 20%。计算张某当月该笔中奖收入应缴纳的个人所得税税额为（　　）元。

A. 4000　　B. 9528　　C. 15840　　D. 10000

13. 根据个人所得税法律制度的规定，居民个人取得综合所得需要办理汇算清缴的，应当在取得所得的次年进行办理汇算清缴，具体办理的时间为（　　）。

A. 1 月 1 日至 1 月 31 日　　B. 1 月 1 日至 3 月 31 日

C. 3 月 1 日至 6 月 30 日　　D. 2 月 1 日至 5 月 31 日

14. 对个人转让自用"5 年以上"且是"家庭唯一住房"取得的所得，享受免征个人所得税，这里所指的住房是（　　）。

A. 生活用房　　B. 普通住房　　C.140 平方米以下的住房　　D. 豪宅

15. 某个体工商户业主张某的下列支出，按年计算经营所得应纳税所得额时可扣除的是（　　）。

A. 为业主张某缴纳的基本养老保险 13460 元

B. 非广告性赞助支出 60000 元

C. 为业主张某购买的个人商业保险 100000 元

D. 支付给业主张某的工资 260000 元

多选题

1. 中国境内某公司职员张某某取得 6 月的下列收入中，不计入工资、薪金所得缴纳个人所得税的是（　　）。

A. 误餐补助 400 元　　B. 差旅费津贴 360 元

C. 独生子女补贴 100 元　　D. 劳动分红 30000 元

2. 根据个人所得税法律制度的规定，下列各项中，个人取得的收入应按照“劳务报酬所得”税目缴纳个人所得税的有（　　）。

A. 某经济学家从非雇佣企业取得的讲学收入

B. 某职员取得的本单位优秀员工奖金

C. 某工程师从非雇佣企业取得的咨询收入

D. 某高校教师从任职学校领取的工资

3. 根据个人所得税法律制度的规定，下列各项中，应按照“特许权使用费所得”税目计缴个人所得税的有（　　）。

A. 某网红作家公开拍卖自己的小说手稿原件取得的收入

B. 个人取得特许权的经济赔偿收入

C. 转让某专利权取得的使用费收入

D. 某作家出版小说收到出版社的出版收入

4. 李某 2024 年 3 月从某公司（未上市）取得 2023 年度红利 50000 元，为此支付交通费 1200 元、银行手续费 5 元。请分析该收入按照（　　）征税，应缴纳的个人所得税税额（　　）元。

A. 1000　　B. 759

C. 特许权使用费　　D. 利息、股息、红利所得

5. 根据个人所得税法律制度的规定，下列在中国境内无住所的外籍人员中，属于 2024 年度非居民个人的是（　　）。

A. 玛丽 2024 年 8 月 1 日来到中国，2024 年 10 月 31 日离开中国

B. 马克 2024 年 7 月 5 日来到中国，2025 年 1 月 5 日离开中国

C. 琼斯 2024 年 2 月 1 日来到中国，2024 年 11 月 1 日离开中国

D. 露易丝 2023 年 9 月 1 日来到中国，2024 年 4 月 1 日离开中国

6. 根据个人所得税法律制度的规定，下列所得中，不论支付地点是否在中国境内，均为来源于中国境内所得的有（　　）。

A. 将财产出租给承租人在中国境内使用而取得的所得

B. 许可各种特许权在中国境内使用而取得的所得

C. 转让中国境内的不动产取得的所得

D. 因任职在中国境内提供劳务取得的所得

7. 根据个人所得税法律制度的规定，居民纳税人取得的下列所得中，不按“工资、薪金所得”计缴个人所得税的是（　　）。

A. 国债利息所得　　B. 出租闲置住房取得的所得

C. 参加商场有奖销售活动中奖取得的所得　　D. 单位全勤奖

8. 根据个人所得税法律制度的规定，下列所得中，不属于免税项目的是（　　）。

A. 张某提前退休从公司取得的一次性补贴

B. 李某退休从原任职单位取得的工资性补贴

C. 华某在公司办理内部退养期间从原任职单位取得的工资薪金

D. 马某退休后取得的退休工资

9. 根据个人所得税法律制度的规定，下列各项所得中，应按劳务报酬所得项目计征个人所得税的有（　　）。

A. 林某是剧本作者，从其非任职单位取得剧本使用费

B. 李教师收到出版社审稿费

C. 画家张某的书画作品在某电子杂志上发表取得的报酬

D. 某医院医护人员给某学校学生提供急救知识讲座取得讲课费

10. 根据个人所得税法律制度的规定，下列各项中，属于专项附加扣除的有（　　）。

A. 子女教育支出　　B. 购车贷款利息

C. 大病医疗支出　　D.3 岁以下婴幼儿看护

11. 某公司职员李某为中国公民，其 2024 年 1—6 月的月工资为 8000 元。假设李某只有费用减除项目。请计算其 1 月、2 月应纳税所得额分别为（　　）元。

A. 3000　　B. 6000　　C. 600　　D. 300

12. 根据个人所得税法律制度的规定，某公司员工黄某取得的下列收益中，应按照“偶

然所得”项目缴纳个人所得税的有（　　）。

A. 取得某商厦赠送的 8 折优惠券

B. 在某公司业务宣传活动中取得随机赠送的小风扇

C. 为其好朋友提供担保获得收入 5000 元

D. 取得单张有奖发票奖金 1000 元

13. 根据个人所得税法规规定，下列各项中，取得“综合所得”需要自行申报办理汇算清缴的有（　　）。

A. 在“两处或者两处以上”取得综合所得，且综合所得年收入额“减去专项扣除”的余额“超过 6 万元”

B. 取得劳务报酬所得、稿酬所得、特许权使用费所得中一项或者多项所得，且综合所得年收入额“减去专项扣除”的余额“超过 6 万元”

C. 纳税年度内预缴税额“低于”应纳税额的

D. 纳税人“申请退税”

14. 个体工商户的生产经营所得和对企事业单位的承包经营、承租经营所得，适用（　　）税率，税率从（　　）。

A. 5% ~ 35%　　B. 3% ~ 45%

C. 七级超额累进税率　　D. 五级超额累进税率

15. 根据个人所得税法规定，取得综合所得需要办理汇算清缴的情形包括（　　）。

A. 有符合条件的公益慈善事业捐赠支出，但预缴税款时未办理扣除的

B. 纳税年度综合所得年收入额不足 60000 元，但平时已预缴过个人所得税且申请退税的

C. 纳税年度内预缴税额高于应纳税额且申请退税的

D. 综合所得收入全年超过 12 万元且需要补税金额超过 400 元的

判断题

1. 根据个人所得税法律制度的规定，居民个人取得的财产租赁所得，纳入综合所得的计算缴纳个人所得税。

2. 根据个人所得税法律制度的规定，综合所得适用七级超额累进税率，即税率从 3% ~ 45%，计算缴纳个人所得税。

3. 中国居民王某，在境外工作，只就来源于中国境外的所得征收个人所得税。

4. 小刘从上海华泰投资基金管理公司取得派息分红所得 1500 元，该公司应代扣代缴

小刘个人所得税税款 200 元。

5. 纳税人本人或者配偶单独或者共同使用商业银行或者住房公积金个人住房贷款为本人或者其配偶购买中国境内住房，发生的首套住房贷款利息支出，在实际发生贷款利息的年度，按照每月 1000 元的标准定额扣除，扣除期限最长不超过 240 个月。

6. 纳税人在主要工作城市没有自有住房而发生的住房租金支出，可以全额扣除。

7. 某大学生 2024 年 1 月进入某公司工作，取得每月工资 4000 元。假设无专项扣除、专项附加扣除，应每月预扣预缴工资、薪金所得个人所得税 300 元。

8. 某公司职工王某已在本公司工作 12 年，2024 年 1 月取得工资 7000 元，假设暂不考虑专项扣除、专项附加扣除，且王某上一年全年工资不超过 6 万元，则应预扣预缴工资、薪金所得个人所得税 210 元。

9. 王某取得的住房转租收入，应按“财产转让所得”征收个人所得税。

10. 集体所有制企业职工个人在企业改制过程中，以股份形式取得的仅作为分红依据，不拥有所有权的企业量化资产，应按“利息、股息、红利所得”计缴个人所得税。

11. 个人提供“担保”获得的收入，按照“偶然所得”项目，缴纳个人所得税。

12. 根据个人所得税法规规定，林某出租商铺取得的所得 100000 元，暂减按 10%税率征收个人所得税。

13. 在个人所得税自行纳税申报方式下，纳税期限的最后一日是法定休假日的，以休假日的当日为期限的最后一日。

14. 根据个人所得税法法规规定，“非居民个人”在中国境内从“两处以上”取得“工资、薪金”所得，需自行申报个人所得税。

15. 个体工商户取得经营所得，按年计算个人所得税，由纳税人在月度或者季度终了后“15 日内”向税务机关报送纳税申报表，并预缴税款；在取得所得的次年“5 月 31 日”前办理汇算清缴。

计算题

［核算 1］

【资料】张某是我国公民，有兄弟姐妹 3 人，已婚，其独生子正在读大学 4 年级，父母均已年满 80 岁，在上海某公司工作。2024 年取得工资收入 300000 元，在其他非雇佣公司做咨询取得收入 20000 元，发表连载小说取得稿酬 40000 元，转让一项专利使用权取得收入 50000 元。张某个人缴纳“三险一金”26000 元；有首套房贷款正在偿还，夫妻双方约定由张某扣除贷款利息和子女教育费。假设无其他扣除项目。

【要求】计算张某2024年应缴纳的个人所得税税额。

［核算2］

【资料】杨某2024年5月24日出售其中一套居住了5年以上的普通住房。原值150万元，售价300万元，支付中介、税费等其他费用20万元。

【要求】计算杨某出售房屋应缴纳的个人所得税税额。

［核算3］

【资料】刘某于2024年4月将其自有的四间面积为150平方米的房屋出租给张某全家居住，租期1年，刘某每月取得租金收入2500元，全年租金收入30000元，当年2月5日因下水道堵塞找人修理，发生修理费用500元，有维修部门的正式发票。假设在计算个人所得税时未考虑其他税费。

【要求1】分析判断税前扣除的费用项目。

【要求2】计算刘某全年租金收入应缴纳的个人所得税税额。

［核算4］

【资料】黄某为中国居民，刚刚工作2年，2024年从任职学校取得工资186000元；出版教材取得报酬2000元；全年按照国家规定的标准和范围缴纳社会保险费、住房公积金合计为 28659 元。假设黄某 2024 年度无其他专项扣除项目，并已预扣预缴个人所得税税额 8230.56 元。

【要求】计算黄某 2024 年综合所得汇算清缴应退（补）个人所得税税额。

［核算 5］

【资料】2024 年 12 月，上海三和建设有限公司与在公司工作了 10 年的林勇解除劳动关系，并支付林勇一次性补偿 150000 元，当地上年职工平均工资 24000 元。

【要求 1】分析判断林勇取得一次性补偿收入是否缴纳个人所得税，请说明原因。

【要求 2】计算林勇取得一次性补偿收入应缴纳的个人所得税税额。

［核算 6］

【资料】某公司职员华某为中国公民，华某有兄弟姐妹 3 人，2024 年前 8 个月每月取得工资、薪金收入 15000 元，专项扣除 2800 元，专项附加扣除 3000 元（其中，父母年满 60 岁兄弟姐妹 3 人平均摊销扣除，育有一女 16 岁正在高中阶段），其他扣除为 0 元。9 月华某工资调整为 21000 元，其他不变。2024 年前 8 个月华某预缴的个人所得税为 864 元。

【要求】计算华某 8 月、9 月分别应预缴的个人所得税税额。

［核算7］

【资料】2024年10月韩某出租房屋取得当月租金5000元，房屋租赁过程中发生相关税费100元，当月支付水电费200元、房屋修缮费1200元，已知个人出租住房所得暂减按10%的税率征收个人所得税，财产租赁所得，每次收入4000元以上的，减除20%的费用，准予减除的修缮费用以800元为限。

【要求1】分析计算应税所得的该笔收入及扣除的费用。

【要求2】计算韩某以上所得10月应缴的个人所得税税额。

［核算8］

【资料】王某是中国居民，2024年从任职公司取得工资199800元；出版书籍一本，取得报酬6000元；从非任职公司取得5000元的专家指导费。全年按照国家规定的标准和范围缴纳社会保险费、住房公积金合计为47688元。已知个人所得税综合所得减除费用为每年60000元；稿酬所得以收入减除20%的费用后的余额为收入额，稿酬所得的收入额减按70%计算；全年应纳税所得额超过36000元至144000元的部分，税率为10%，速算扣除数为2520元。王某2024年已预扣预缴个人所得税税额7365.2元。

【要求1】分析计算王某2024年度应税所得所属税目。

【要求2】计算王某2024年度综合所得汇算清缴应退（补）个人所得税税额。

［核算 9］

【资料】张某 2024 年共取得三笔收入：国债利息 6000 元、某上市公司债券利息 5000 元、银行存款利息 2600 元。

【要求 1】说明张某 2024 年上述利息所得所属税目并判断税率。

【要求 2】说明计算张某 2024 年上述利息所得应缴纳个人所得税税额。

［核算 10］

【资料】党某为中国公民，2024 年 6 月发生下列业务：

【业务 1】将家里祖传的字画拍卖取得收入 500000 元，收藏该字画发生相关费用 40000 元。

【业务 2】将市中心区域的一处商铺对外出租，取得不含税月租金 20000 元。

【假设】不考虑其他税费的情况下。

【要求 1】请计算党某字画拍卖所得应缴纳个人所得税税额。

【要求 2】请计算党某出租商铺所得应缴纳个人所得税税额。

综合题

［综合1］

【资料】某学校两位工作人员，小张为该学校的老师，工龄5年均在本学校工作。

【业务】小张老师2024年1—8月在学校取得月工资薪金8500元，学校为其办理了工资薪金所得个人所得税全员全额明细申报，个人按国家标准缴付“三险一金”2120.4元/月；从9月开始起月工资薪金为9000元，个人按国家标准缴付“三险一金”2210.11元/月；已知小张老师2023年月工资8200元。

【要求1】根据上述业务计算分析小张2024年1—7月工资薪金所得个人所得税全员全额明细申报。

【要求2】根据上述业务计算分析小张2024年8—12月工资薪金所得个人所得税全员全额明细申报。

［综合2］

【资料】上海王记商行是个体工商户，2024年取得经营收入共1000000元，成本、费用开支共800000元，其中，业主本人的工资150000元、员工工资及按照国家规定缴纳的社保金250000元（含业主本人的社保金）、营业成本350000元、业务招待费是50000元。按照税法准予扣除的其他税费为30000元。业主当年无综合所得，申报的专项附加扣除为24000元/年。

【要求1】计算分析允许扣除的成本费用。

【要求 2】计算全年应纳税所得额。

【要求 3】计算全年个人所得税税额。

[综合 3]

【资料】中国公民苏某在抖音上注册成立了个体工商户网红店。2024 年度经营业务如下：

【业务 1】该店全年营业收入 2000000 元，营业外收入 100000 元，营业成本 1200000 元，税金及附加 150000 元。

【业务 2】苏某每月从个体工商户支取“工资”2500 元，已经计入相关成本费用，且苏某没有综合所得。

【业务 3】该店有员工 10 人，全年实际向员工支付合理的工资薪金总额 600000 元，拨缴工会经费 12000 元，发生职工教育经费 20000 元，职工福利费 90000 元，全部计入相关的成本费用之中。

【业务 4】销售费用 150000 元，其中广告费 80000 元、业务宣传费 20000 元。

【业务 5】管理费用 85000 元，其中业务招待费 20000 元。

【业务 6】从被投资企业分回的红利 100000 元。

【业务 7】营业外支出 50000 元，其中有税务局处罚 30000 元，通过当地教育局向红十字事业捐赠 10000 元，并选择在汇算清缴时扣除。

【业务 8】苏某是独生子女，自行纳税申报时赡养老人的专项附加扣除 36000 元 / 年，个体工商户当年无综合所得。

【注明】如果条件符合，个体工商户选择适用经营所得个人所得税优惠政策。

【要求 1】计算个人所得税时允许扣除的工资及“三项经费”。

【要求 2】计算个人所得税时允许扣除的销售费用。

【要求 3】根据上述资料，不考虑其他因素，分析回答下列问题。

1. 计算个人所得税时允许扣除的管理费用为（　　）元。

A. 85000　　B. 65000　　C. 55000　　D. 75000

2. 计算个人所得税时允许扣除的营业外支出为（　　）元。

A. 50000　　B. 40000　　C. 20000　　D. 30000

3. 计算个人所得税时“经营所得”应纳税所得额为（　　）元。

A. 488000　　B. 462000　　C. 456200　　D. 480000

4. 根据以上的各项结果计算应缴纳个人所得税（　　）元。

A. 69050　　B. 12350　　C. 12250　　D. 16250

［综合 4］

【资料】中国公民华某在某私立学校任教，每月工资 12500 元，自行负担的社保、公积金每月 1800 元，父母亲均在 60 岁以上，本人为独生子赡养老人，其有一个儿子上小学 2 年级，2023 年 1—12 月取得以下收入：

【业务 1】取得独生子女补贴 800 元。

【业务 2】取得兼职收入 3500 元。

【业务 3】购买福利彩票，一次中奖收入 22000 元。

【业务 4】取得保险赔款 5000 元。

【业务 5】4 月因持有某上市公司股票而取得红利 15000 元，已知该股票为去年 1 月从公开发行和转让市场取得的。

【业务 6】6 月学校购置一批住房低价出售给职工，王某以 260000 元的价格购置了一套住房，学校原购置价格为 500000 元。

【业务 7】10 月将其拥有的两处住房中的一套（已使用 7 年）出售，不含税转让收入 600000 元，该房产买价 250000 元，另支付其他允许税前扣除的相关税费 12000 元。

【要求 1】根据以上资料计算从任职单位取得的各月工资和独生子女补贴共计应预扣预缴个人所得税税额。

【要求 2】根据【业务 2】计算华某取得的兼职收入，支付报酬的单位应为其预扣预缴的个人所得税税额。

【要求 3】根据【业务 3】计算华某取得的福利彩票中奖收入应缴纳个人所得税税额。

【要求 4】根据【业务 4】计算华某取得的保险赔款应缴纳个人所得税税额。

【要求 5】根据【业务 5】计算华某取得的红利所得应缴纳个人所得税税额。

【要求6】根据【业务6】计算华某低价从单位购房应缴纳个人所得税税额。

【要求7】根据【业务7】计算华某出售住房应缴纳个人所得税税额。

【要求8】根据上述业务计算华某2023年应缴纳个人所得税税额。

第七章　其他税费认知

学情解密

学习指南

非主体税在税收实体法体系中扮演着不可替代的角色，它们不仅能够为政府提供财政收入，还能够促进社会治理、优化营商环境，以及推动产业升级和环境保护。通过本章的学习，全面了解非主体税在经济活动中的调节对象，并能应用税收政策解决简单基础的涉税业务处理。

知识框架

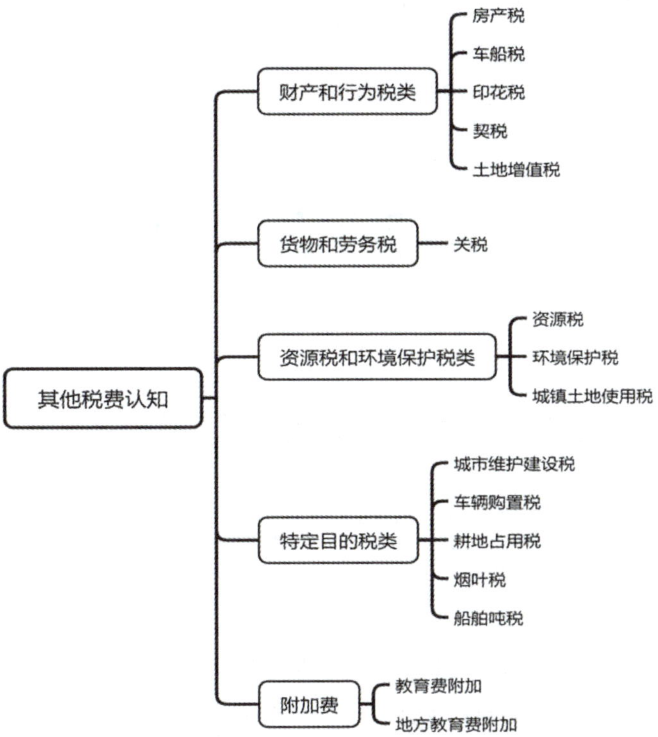

学习目标

◆ 知识目标

1. 判断非主体税纳税义务人；
2. 区分非主体税征税范围；
3. 根据不同类别涉税业务，选择合适的税率。

◆ 技能目标

1. 根据不同涉税业务，计算并确定非主体税计税依据；
2. 根据不同涉税业务，计算非主体税应纳税额。

◆ 情感目标

1. 通过阅读课外税收参考资料，正确认识非主体税对国家经济发展发挥的重要作用；
2. 积极了解国家现行税收政策变化动态，主动关注税收政策对行业、企业的导向性。

温馨提示

1. 区分不同非主体税的征税范围，体现非主体税的独立性。同时也应关注非主体税与主体税之间的关联关系，加强政策在具体涉税业务中的应用。

2. 可通过国家官方网站或其他网络平台，积极关注非主体税近几年的税收政策的主要变化。

知识要点与例题

要点 1：城市维护建设税与教育费附加

应纳税额 =（实纳增值税 + 实纳消费税）× 适用税率

【例题】

【单选题】2024 年 10 月，甲公司向税务机关实际缴纳增值税 500 万元；向海关缴纳进口环节增值税 200 万元、消费税 260 万元。已知城市维护建设税适用税率为 7%，计算甲公司当月应缴纳城市维护建设税税额为（　　）万元。

A. 35　　B. 53.2　　C. 49　　D. 67.2

【正确答案】A

【答案解析】甲公司当月应缴纳城市维护建设税税额 = 500 × 7% = 35（万元）。

【单选题】根据教育费附加法律制度的规定，下列关于教育费附加减免的表述中，正确的是（　　）。

A. 对出口产品退还增值税的，应同时退还全部已征的教育费附加

B. 对出口产品退还消费税的，应同时退还已征教育费附加的 50%

C. 对海关进口产品征收的增值税，不征收教育费附加

D. 对外商投资企业在境内实际缴纳的增值税，不征收教育费附加

【正确答案】C

【答案解析】对由于减免增值税、消费税而发生退税的可同时退还已征收的教育费附加。但对出口产品退还增值税、消费税的，不退还已征的教育费附加。教育费附加的征收范围为税法规定征收增值税、消费税的单位和个人。包括外商投资企业、外国企业及外籍个人。

要点 2：车辆购置税

1. 纳税义务人

境内购置（并使用）应税车辆的单位和个人。

2. 征税范围

汽车、有轨电车、汽车挂车、排气量超过 150 毫升的摩托车。

【例题】

【单选题】下列不属于车辆购置税征税范围的是（　　）。

A. 汽车　　B. 汽车挂车　　C. 有轨电车　　D. 电动自行车

【正确答案】D

【答案解析】车辆购置税的征收范围包括汽车、有轨电车、汽车挂车、排气量超过 150 毫升的摩托车，不包括电动自行车。

【单选题】甲汽车厂的下列业务中，应以甲汽车厂为车辆购置税纳税人的是（　　）。

A. 将自产应税车辆用于对外捐赠

B. 将自产应税车辆自用于本企业管理部门

C. 将自产应税车辆用于对外投资

D. 将自产应税车辆用于对外销售

【正确答案】B

【答案解析】在中华人民共和国境内购置应税车辆的单位和个人，为车辆购置税的纳税人。购置，是指以购买、进口、自产、受赠、获奖或者其他方式取得并“自用”应税车辆的行为。

要点 3：关税

应纳税额的计算

1. 从价税

应纳税额 = 应税进（出）口货物数量 × 单位完税价格 × 适用税率

2. 从量税

应纳税额 = 应税进口货物数量 × 关税单位税额

3. 复合税

应纳税额 = 应税进口货物数量 × 关税单位税额 + 应税进口货物数量 × 单位完税价格 × 适用税率

4. 滑准税

应纳税额 = 应税进（出）口货物数量 × 单位完税价格 × 滑准税税率

【例题】

【单选题】进口原产于我国境内的货物，适用的关税税率是（　　）。

A. 最惠国税率　　B. 特惠税率　　C. 协定税率　　D. 普通税率

【正确答案】A

【答案解析】原产于我国的进口货物，适用最惠国税率

【判断题】租赁方式进境的货物，应以海关审查确定的货物租金作为关税完税价格。（　　）

【正确答案】对

【答案解析】租赁方式进境的货物，应以海关审查确定的货物租金作为关税完税价格。

要点 4：土地增值税

纳税义务人

为转让国有土地使用权、地上建筑物及其附着物并取得收入的单位和个人。

【例题】

【单选题】根据土地增值税法律制度的规定，下列各项中，不属于土地增值税纳税人的是（　　）。

A. 出租住房的孙某　　B. 转让国有土地使用权的甲公司

C. 出售商铺的潘某　　D. 出售写字楼的乙公司

【正确答案】A

【答案解析】涉及的是“出租”，产权不发生转移，不征收土地增值税。如果潘某转让的是住房（而非商铺），则适用个人转让住房的优惠政策，暂免征收土地增值税。

【例题】

【单选题】下列情形中，应缴纳土地增值税的是（　　）。

A. 房地产开发企业将开发的房地产用于奖励职工发生所有权转移

B. 房产所有人将房屋产权赠与子女

C. 个人转让住房

D. 在清产核资时对房地产进行重新评估而产生的评估增值

【正确答案】A

【答案解析】选项 B：房产所有人将房屋产权赠与直系亲属的行为，不征收土地增值税。选项 C：对个人转让住房，暂免征收土地增值税。选项 D：对房地产进行重新评估而产生的评估增值，因其既没有发生房地产权属的转移，房产产权、土地使用权人也未取得收入，所以不属于土地增值税的征税范围。

要点 5：契税

1. 纳税义务人

在我国境内承受土地、房屋权属转移的单位和个人。

2. 征税范围

（1）土地使用权出让；

（2）土地使用权转让（包括出售、赠与、互换）；

（3）房屋买卖、赠与、互换。

【例题】

【单选题】下列不属于契税征税范围的是（　　）。

A. 房屋买卖　　B. 房屋赠与　　C. 房屋互换　　D. 房屋典当

【正确答案】D

【答案解析】选项D：土地、房屋典当、抵押以及出租等行为，不属于契税的征税范围。

【单选题】根据契税法律制度的规定，下列行为不属于契税征税范围的是（　　）。

A. 以土地置换房屋　　B. 以房屋抵偿债务

C. 以土地抵押贷款　　D. 以土地对外投资

【正确答案】D

【答案解析】以作价投资、偿还债务、划转、奖励等方式转移土地、房屋权属的，房地产互换的，应当依法征收契税。

要点6：房产税

1. 征税对象

房屋。

2. 征税范围

城市、县城、建制镇和工矿区的房屋。

3. 纳税义务人

拥有房产税征税范围内的房屋产权的单位和个人。

【例题】

【单选题】关于房产税纳税人的下列表述中，不符合法律制度规定的是（　　）。

A. 房屋出租的，承租人为纳税人

B. 房屋产权所有人不在房产所在地的，房产代管人或使用人为纳税人

C. 房屋产权属于国家的，其经营管理单位为纳税人

D. 房屋产权未确定的，房产代管人或使用人为纳税人

【正确答案】A

【答案解析】房屋出租的，出租人（产权所有人）为纳税人。

【单选题】根据房产税法律制度的规定，下列房产中，不属于房产税征税范围的是（　　）。

A. 坐落于建制镇的生产厂房　　B. 坐落于农村的仓储用房

C. 坐落于市区的商业办公楼　　D. 坐落于县城的酒店大楼

【正确答案】B

【答案解析】房产税的征税范围为城市、县城、建制镇和工矿区的房屋，农村房屋不属于房产税的征税范围。

要点 7：城镇土地使用税

1. 纳税义务人

在城市、县城、建制镇、工矿区范围内使用土地的单位和个人。

2. 征税范围

城市、县城、建制镇和工矿区范围内的国家所有和集体所有的土地。

【例题】

【多选题】根据城镇土地使用税法律制度的规定，下列关于城镇土地使用税纳税人的表述中，正确的有（　　）。

A. 土地使用权未确定或权属纠纷未解决的，由实际使用人纳税

B. 土地使用权共有的，共有各方均为纳税人，由共有各方分别纳税

C. 拥有土地使用权的纳税人不在土地所在地的，由代管人或实际使用人纳税

D. 城镇土地使用税由拥有土地使用权的单位或个人缴纳

【正确答案】ABCD

【答案解析】土地使用权未确定或权属纠纷未解决的，由实际使用人纳税；土地使用权共有的，共有各方均为纳税人，由共有各方分别纳税；拥有土地使用权的纳税人不在土地所在地的，由代管人或实际使用人纳税；城镇土地使用税由拥有土地使用权的单位或个人缴纳。

【单选题】根据城镇土地使用税法律制度的规定，下列各项中，不征收城镇土地使用税的是（　　）。

A. 位于农村的集体所有土地　　B. 位于工矿区的集体所有土地

C. 位于县城的国家所有土地　　D. 位于城市的公园内索道公司经营用地

【正确答案】A

【答案解析】B、C、D 均征收城镇土地使用税。

要点 8：耕地占用税

1. 纳税义务人

在我国境内占用耕地建设建筑物、构筑物或者从事非农业建设的单位和个人。

2. 征税范围

非农业建设而占用的国家所有和集体所有的耕地。

【例题】

【多选题】根据耕地占用税法律制度的规定，下列情形中，应缴纳耕地占用税的有（　　）

A. 占用草地建设野生动植物保护设施

B. 占用园地建设休闲度假村

C. 占用养殖水面建设水上乐园

D. 占用林地建设木材检疫设施

【正确答案】BC

【答案解析】选项 AD 不缴纳耕地占用税，选项 BC 应依法缴纳耕地占用税。

【多选题】根据耕地占用税法律制度的规定，下列各项中，不缴纳耕地占用税的有（　　）

A. 占用耕地建设储存农用机具的仓库

B. 占用养殖水面建设专为农业生产服务的灌溉排水设施

C. 占用竹林地建设木材集材道

D. 占用天然牧草地建设旅游度假村

【正确答案】ABC

【答案解析】建设“直接为农业生产服务的生产设施”占用耕地、园地、林地、草地、农田水利用地、养殖水面、渔业水域滩涂的，不缴纳耕地占用税。

要点 9：车船税

1. 纳税义务人

应税车辆、船舶的所有人或者管理人。

2. 扣缴义务人

从事机动车第三者责任强制保险业务的保险机构为机动车车船税的扣缴义务人。

3. 征税范围

依法应当在车船登记管理部门登记的机动车辆和船舶。

【例题】

【单选题】根据车船税法律制度的规定，下列各项中，属于机动车车船税扣缴义务人的是（　　）。

A. 机动车所有人所在单位

B. 从事机动车第三者责任强制保险业务的保险机构

C. 机动车登记管理部门

D. 机动车销售机构

【正确答案】B

【答案解析】属于机动车车船税扣缴义务人。

【单选题】根据车船税法律制度的规定，下列各项中，不属于车船税征税范围的是（　　）。

A. 自行车　　B. 摩托车　　C. 乘用车　　D. 商用车

【正确答案】A

【答案解析】自行车不属于车船税征税范围。

要点 10：资源税

1. 纳税义务人

在中华人民共和国领域和中华人民共和国管辖的其他海域开发应税资源的单位和个人。

2. 征税范围

包括能源矿产、金属矿产、非金属矿产、水气矿产和盐 5 大类。

【例题】

【单选题】根据资源税法律制度的规定，下列情形中，应缴纳资源税的是（　　）。

A. 火电厂使用煤炭发电

B. 石材厂购进大理岩加工瓷砖

C. 油田企业销售所开采的原油

D. 钢铁厂进口铁矿石

【正确答案】C

【答案解析】在我国领域和管辖的其他海域“开发”应税资源的单位和个人，为资源税的纳税人。选项 ABD，使用、购买、进口均不属于“开发”。

要点 11：环境保护税

1. 纳税义务人

在我国领域和管辖的其他海域，直接向环境排放应税污染物的企业事业单位和其他生产经营者。

2. 征税范围

大气污染物（不包括二氧化碳）、水污染物、固体废物和噪声。

【例题】

【多选题】根据环境保护税法律制度的规定，下列各项中，属于环境保护税征税范围的有（ ）。

A. 固体废物　B. 水污染物　C. 工业噪声　D. 大气污染物

【正确答案】ABCD

【答案解析】固体废物、水污染物、工业噪声、大气污染物都属于环境保护税的征税范围。

【单选题】根据环境保护税法律制度的规定，下列各项中，不属于环境保护税征税范围的是（ ）。

A. 工业噪声　B. 电磁辐射　C. 尾矿　D. 冶炼渣

【正确答案】B

【答案解析】环境保护税的征税范围是法定的大气污染物、水污染物、固体废物和工业噪声。

要点 12：印花税

1. 纳税义务人

在中华人民共和国境内书立应税凭证、进行证券交易，以及在中华人民共和国境外书立在境内使用的应税凭证的单位和个人。

2. 征税范围

书面合同、产权转移书据、营业账簿、证券交易

【单选题】根据印花税法律制度的规定，下列各项中，属于印花税纳税人的是（ ）。

A. 合同双方当事人 B. 合同的担保人 C. 合同的证人 D. 合同的鉴定人

【正确答案】A

【答案解析】合同的当事人是印花税的纳税人，不包括合同的担保人、证人、鉴定人。

【单选题】根据印花税法律制度的规定，下列凭证中，不属于印花税征税范围的是（ ）。

A. 建设工程合同的分包合同 B. 股权转让书据

C. 发电厂与电网之间书立的购售电合同 D. 仲裁机构的仲裁文书

【正确答案】D

【答案解析】仲裁机构的仲裁文书不属于印花税征收范围的凭证。

强化训练

单选题

1. 关于房产税纳税人的下列表述中，不符合法律制度规定的是（ ）。

A. 房屋出租的，承租人为纳税人

B. 房屋产权所有人不在房产所在地的，房产代管人为纳税人

C. 房屋产权属于国家的，其经营管理单位为纳税人

D. 房屋产权未确定的，房产代管人为纳税人

2. 根据房产税法律制度的规定，下列房产中，不属于房产税征税范围的是（ ）。

A. 坐落于县城的酒店大楼 B. 坐落于市区的办公大楼

C. 坐落于建制镇的生产厂房 D. 坐落于农村的仓储用房

3. 以下要征收房产税的是（ ）。

A. 菜窖 B. 水塔 C. 围墙 D. 室内游泳池

4. 甲公司为增值税一般纳税人，2024 年拥有一套办公用房，原值为 500 万元，已计提折旧 300 万元，已知从价计征房产税税率为 1.2%，当地规定的房产原值减除比例为 20%。计算甲公司该办公用房 2024 年度应缴纳房产税税额为（　　）万元。

A. 2.4　　B. 1.92　　C. 6　　D. 4.8

5. 甲企业厂房原值 2000 万元，2023 年 11 月对该厂房进行扩建，2023 年年底扩建完工并办理验收手续，增加房产原值 500 万元，已知房产税的原值扣除比例为 30%，房产税比例税率为 1.2%，计算甲企业 2024 年应缴纳房产税税额为（　　）万元。

A. 22.8　　B. 21　　C. 28.2　　D. 16.8

6. 赵某 2024 年年初拥有一栋自有住房，房产原值 200 万元，3 月 31 日将其对外出租，租期 1 年，每月按照市场价格收取不含税租金 1 万元。已知房产税税率从价计征的为 1.2%，个人出租住房从租计征的为 4%，当地省政府规定计算房产余值的减除比例为 30%。2024 年赵某上述房产应缴纳房产税税额为（　　）万元。

A. 0.36　　B. 0.78　　C. 0.88　　D. 1.68

7. 根据房产税法律制度的规定，下列各项中，免征房产税的是（　　）。

A. 公园中附设的饮食部所使用的房产

B. 供热企业为居民供热所使用的厂房以外的其他厂房

C. 公立高校的教学楼

D. 企业拥有并运营管理的大型体育场馆

8. 根据房产税法律制度的规定，免征房产税的是（　　）。

A. 个人营业用房　　B. 公园内照相馆用房

C. 公立医院住院大楼　　D. 高校内超市经营用房

9. 根据房产税法律制度的规定，下列房产中，不属于房产税免税项目的是（　　）。

A. 个人出租的住房　　B. 军队自用的房产

C. 高校学生公寓　　D. 宗教寺庙自用的房产

10. 根据城镇土地使用税法律制度的规定，下列关于城镇土地使用税纳税人的表述中，不正确的是（　　）。

A. 土地使用权未确定或权属纠纷未解决的，由实际使用人缴纳

B. 拥有土地使用权的纳税人不在土地所在地的，暂不缴纳

C. 土地使用权共有的，各方均为纳税人，由共有各方分别缴纳

D. 城镇土地使用税由拥有土地使用权的单位或个人缴纳

11. 根据城镇土地使用税法律制度的规定，下列土地中，不征收城镇土地使用税的是（　　）。

A. 位于农村的集体所有土地　　B. 位于工矿区的集体所有土地

C. 位于县城的国家所有土地　　D. 位于城市的公园内索道公司经营用地

12. 根据城镇土地使用税法律制度的规定，下列土地中，不应免征城镇土地使用税的是（　　）。

A. 物流企业办公用地　　B. 宗教寺庙自用土地

C. 国家机关自用土地　　D. 市政街道公共用地

13. 甲房地产开发企业开发一住宅项目，实际占地面积 12000 平方米，建筑面积 24000 平方米，容积率为 2，甲房地产开发企业缴纳的城镇土地使用税的计税依据为（　　）平方米。

A. 18000　　B. 24000　　C. 36000　　D. 12000

14. 甲物流公司位于郊区，2024 年实际占地 3000 平方米，其中大宗商品仓储设施用地 2000 平方米，办公生活区用地 1000 平方米。已知城镇土地使用税每平方米年税额为 3 元。计算甲物流公司 2024 年度应缴纳城镇土地使用税税额为（　　）元。

A. 9000　　B. 4500　　C. 6000　　D. 3000

15. 根据城镇土地使用税法律制度的规定，下列各项中，免征城镇土地使用税的是（　　）。

A. 民航机场工作区用地　　B. 民航机场停机坪用地

C. 民航机场场内道路用地　　D. 民航机场生活区用地

16. 2024 年 9 月，甲公司开发住宅社区经批准共占用耕地 150000 平方米，其中 800 平方米兴建幼儿园、5000 平方米修建学校，已知耕地占用税适用税率为 30 元 / 平方米，甲公司应缴纳耕地占用税税额为（　　）元。

A. 4500000　　B. 4326000　　C. 4350000　　D. 4476000

17. 根据耕地占用税法律制度的规定，纳税人应当自纳税义务发生之日起一定期限内申报缴纳耕地占用税，该期限为（　　）日。

A. 30　　B. 180　　C. 60　　D. 90

18. 根据耕地占用税法律制度的规定，下列情形中，应征收耕地占用税的是（　　）。

A. 医疗机构内职工住房占用耕地　　B. 鸡鸭养殖设施占用耕地

C. 森林防火设施占用耕地　　D. 储存种子的仓储设施占用耕地

19. 根据契税法律制度的规定，下列各项中，属于契税纳税人的是（　　）。

A. 转让土地使用权的企业　　B. 出租自有住房的个人

C. 受赠房屋权属的个体工商户　　D. 继承父母车辆的子女

20. 根据契税法律制度的规定，下列各项中，属于契税纳税人的是（　　）。

A. 抵押商铺的李某　　B. 转让国有土地使用权的乙公司

C. 出租住房的王某　　D. 受让国有土地使用权的甲公司

21. 下列各项中，不属于契税征税范围的是（　　）。

A. 法定继承人承受房屋权属　　B. 房屋买卖

C. 房屋典当　　D. 房屋互换

22. 陈某借给王某 200 万元用于生产经营，王某未能按期偿还。双方商定，王某以一套住房抵偿借款 160 万元，其余 40 万元以现金偿还。王某购入该套住房的价格为 100 万元。陈某取得该套住房时应缴纳契税的计税依据为（　　）万元。

A. 200　　B. 160　　C. 100　　D. 40

23. 2024 年 2 月法定继承人李某通过继承承受市场价值为 100 万元的房屋一套，同年 10 月，李某购买商品房一套，取得增值税普通发票注明金额 200 万元、税额 18 万元。已知当地规定的契税税率为 3%。计算李某上述行为应缴纳契税税额为（　　）万元。

A. 9　　B. 9.54　　C. 6　　D. 6.54

24. 经房地产评估机构评估，王某住房价值 50 万元，李某住房价值 70 万元，王某和李某互换住房，并以银行转账方式向李某支付差价款，已知当地规定的契税适用税率为 4%，则下列关于上述事项应纳契税的计算中，正确的是（　　）。

A. 王某应纳契税 =（70 − 50）× 4% = 0.8（万元）

B. 李某应纳契税 =（70 − 50）× 4% = 0.8（万元）

C. 王某应纳契税 = 50 × 4% = 2.0（万元）

D. 李某应纳契税 = 70 × 4% = 2.8（万元）

25. 根据契税法律制度的规定，下列免征契税的是（　　）。

A. 事业单位承受房屋权属用于教学　　B. 公司员工通过司法拍卖取得房屋一套

C. 企业受让商铺　　D. 城镇职工购买商品房

26. 根据土地增值税法律制度的规定，下列情形中，属于土地增值税征税范围的是（　　）。

A. 王某转让商铺　　B. 甲公司承租仓库

C. 陈某出租住房　　D. 乙公司抵押厂房

27. 根据土地增值税法律制度的规定，下列各项中，属于土地增值税纳税人的是(　　)。

A. 出售房屋的企业　　B. 购买房屋的个人

C. 出租房屋的个人　　D. 购买房屋的企业

28. 2023 年 12 月甲公司销售的自行开发的房地产项目，取得不含税收入 6000 万元，准予从房地产销售收入中减除的扣除项目金额为 3500 万元，已知土地增值税适用税率为 40%，速算扣除系数为 5%，计算甲公司该笔业务应缴纳土地增值税为（　　）万元。

A. 2225　　B. 125　　C. 825　　D. 700

29. 根据土地增值税法律制度的规定，下列各项中，在计算土地增值税计税依据时不允许扣除的是（　　）。

A. 在转让房地产时缴纳的城市维护建设税

B. 纳税人为取得土地使用权所支付的地价款

C. 土地征用及拆迁补偿费

D. 超过贷款期限的利息部分

30. 根据土地增值税法律制度的规定，下列各项中，不属于土地增值税免税项目的是（　　）。

A. 个人转让住房

B. 因国家建设需要被政府批准收回的土地使用权

C. 企业出售闲置办公用房

D. 因城市规划需要被政府批准征用的房产

31. 下列企业的主管税务机关，可以要求其进行土地增值税清算的是（　　）。

A. 甲房地产开发公司的房地产开发项目全部竣工并已完成销售

B. 乙房地产开发公司取得销售许可证满 3 年仍未销售完毕

C. 丙房地产开发公司已竣工验收的房地产开发项目，已转让的房地产建筑面积占整个项目可售建筑面积的比例为 75%，剩余部分处于持有待售状态

D. 丁房地产开发公司将未竣工决算的房地产开发项目整体转让

32. 下列各项中，不属于印花税纳税人的是（　　）。

A. 合同的鉴定人

B. 会计账簿的立账簿人

C. 产权转移书据的立据人

D. 在国外订立，但在国内使用应税凭证的单位

33. 甲公司与乙公司签订买卖合同，商品含增值税的售价 56.5 万元，由甲公司负责运输；甲公司与丙运输公司签订运输合同，合同不含增值税价款 2 万元，其中运费 1.5 万元、装卸费 0.5 万元、增值税 0.165 万元，分别记载。已知，买卖合同、运输合同的印花税税率为 0.3‰，根据印花税法律制度的规定，甲公司应缴纳印花税为（　　）元。

A. 154.5　　B. 174　　C. 176　　D. 175.5

34. 根据印花税法律制度的规定，下列合同中，不征收印花税的是（　　）。

A. 公司与会计师事务所签订的审计合同

B. 发电厂与电网之间签订的购售电合同

C. 企业出租商铺签订的房屋租赁合同

D. 物流公司与客户之间签订的仓储合同

35. 根据印花税法律制度的规定，下列各项中，应缴纳印花税的是（　　）。

A. 技术服务合同

B. 非记载资金的其他营业账簿

C. 个人与电子商务经营者订立的电子订单

D. 企业与主管部门签订的租赁承包经营合同

36. 根据车船税法律制度的规定，下列各项中，属于挂车车船税计税依据的是（　　）。

A. 购置价格　　B. 辆数

C. 净吨位数　　D. 整备质量吨位数

37. 2024 年 8 月 20 日，甲公司购买 1 辆商用客车自用。已知车船税适用年基准税额为 480 元。计算甲公司 2024 年该商用客车应缴纳车船税为（　　）元。

A. 200　　B. 240　　C. 280　　D. 160

38. 甲企业进口一辆小汽车自用，海关核定的关税完税价格为 72 万元，已缴纳关税 10.8 万元、消费税 27.6 万元。甲企业进口该小汽车的车辆购置税计税价格为（　　）。

A. 82.8 万元　　B. 110.4 万元　　C. 99.6 万元　　D. 72 万元

39. 甲建筑公司，2024 年因施工作业导致产生的工业噪声超标 16 分贝以上，其中 5 月超标天数为 12 天、6 月超标天数为 22 天，已知工业噪声超标 16 分贝以上每月税额为 11200 元，则甲建筑公司应纳环境保护税为（　　）元。

A. 12693.33　　B. 22400　　C. 16800　　D. 8213.33

40. 根据关税法律制度的规定，下列不属于关税纳税人的是（　　）。

A. 外贸出口公司　　B. 工贸或农贸结合的进口公司

C. 经营出口货物的收货人　　D. 个人邮递物品的收件人

41. 根据关税法律制度的规定，下列各项中，按复合税率征收关税的是（　　）。

A. 啤酒　　B. 汽车　　C. 原油　　D. 摄像机

42. 下列关于出口货物关税完税价格的计算公式中，正确的是（　　）。

A. 关税完税价格＝离岸价格 ÷（1－出口税率）

B. 关税完税价格＝离岸价格 ÷（1＋出口税率）

C. 关税完税价格＝离岸价格 ×（1－出口税率）

D. 关税完税价格＝离岸价格 ×（1＋出口税率）

43. 2024 年 9 月甲公司进口生产设备一台，海关审定的货价 45 万元，运抵我国关境内输入地起卸前的运费 4 万元、保险费 2 万元。已知关税税率为 10%。计算甲公司应纳关税税额为（　　）万元。

A. 5.1　　B. 5　　C. 4.3　　D. 4.1

44. 甲公司将一台设备运往境外修理，出境前向海关报关出口并在海关规定期限内复运进境，该设备经修理后的市场价格为 500 万元，经海关审定的修理费和料件费分别为 15 万元和 20 万元，计算甲公司该设备复运进境时进口关税完税价格为（　　）万元。

A. 485　　B. 465　　C. 535　　D. 35

45. 根据关税法律制度的规定，对原产于与我国签订含有特殊关税优惠条款的贸易协定的国家或地区的进口货物，适用特定的关税税率。该税率为（　　）。

A. 普通税率　　B. 协定税率　　C. 特惠税率　　D. 最惠国税率

46. 根据关税法律制度的规定，下列应纳税额计算方法中，税率随着进口商品价格的变动而反方向变动的是（　　）。

A. 从价税计算方法　　B. 复合税计算方法

C. 从量税计算方法　　D. 滑准税计算方法

47. 下列各项中，海关可以酌情减免关税的是（　　）。

A. 进出境运输工具装载的途中必需的燃料、物料和饮食用品

B. 无商业价值的广告品及货样

C. 国际组织无偿赠送的物资

D. 在境外运输途中遭受损坏的进口货物

48. 甲公司为增值税一般纳税人，2024 年 10 月向税务机关实际缴纳增值税 200 万元、房产税 2 万元、城镇土地使用税 3 万元，预缴企业所得税 100 万元。已知适用的城市维护

建设税税率为7%。计算甲公司当月应缴纳城市维护建设税税额为（　　）万元。

A. 14　　B. 21.35　　C. 21.14　　D. 21

49. 根据城市维护建设税法律制度的规定，纳税人向税务机关实际缴纳的下列税款中，应为城市维护建设税计税依据的是（　　）。

A. 房产税税款　　B. 消费税税款　　C. 土地增值税税款　　D. 车船税税款

50. 下列关于城市维护建设税税收优惠的表述中，不正确的是（　　）。

A. 对出口产品退还增值税的，可同时退还已缴纳的城市维护建设税

B. 海关对进口产品代征的增值税，不征收城市维护建设税

C. 对增值税实行先征后退办法的，除另有规定外，不予退还对随增值税附征的城市维护建设税

D. 对增值税实行即征即退办法的，除另有规定外，不予退还对随增值税附征的城市维护建设税

51. 根据资源税法律制度的规定，下列各项中，不属于资源税征税范围的是（　　）。

A. 石灰岩　　B. 海盐　　C. 原油　　D. 人造石油

52. 根据资源税法律制度的规定，纳税人按月或者按季申报缴纳的，应当自月度或者季度终了之日起一定期限内，向税务机关办理纳税申报并缴纳税款，该期限为（　　）。

A. 10日　　B. 15日　　C. 20日　　D. 25日

53. 某铜矿2024年7月销售铜矿石原矿收取不含增值税的价款1200万元，其中包括从坑口到车站的运输费用40万元，随运输产生的装卸、仓储费用20万元，均取得增值税发票。已知该矿山铜矿石原矿适用的资源税税率为6%。计算该铜矿7月应纳资源税税额为（　　）万元。

A. 72　　B. 69.6　　C. 68.4　　D. 75.6

54. 根据车辆购置税法律制度的规定，下列各项中，不属于车辆购置税征收范围的是（　　）。

A. 汽车　　B. 汽车挂车　　C. 电动自行车　　D. 有轨电车

55. 甲公司机构所在地为M市，于N市购进一辆应税汽车，在P市办理车辆登记，该汽车生产企业机构所在地为Q市。甲公司购置该汽车车辆购置税的纳税地点是（　　）。

A. N市　　B. Q市　　C. M市　　D. P市

56. 根据车辆购置税法律制度的规定，下列车辆中，不属于车辆购置税免税项目的是（　　）。

A. 外国驻华使馆的自用小汽车

B. 设有固定装置的非运输专用作业车辆

C. 城市公交企业购置的公共汽电车辆

D. 个人购买的经营用小汽车

57. 我国车船税的税率形式是（　　）。

A. 地区差别比例税率　　B. 有幅度的比例税率

C. 有幅度的定额税率　　D. 全国统一的定额税率

58. 根据车船税法律制度的规定，下列车船中，以净吨位数为计税依据的是（　　）。

A. 机动船舶　　B. 轮式专用机械车　　C. 挂车　　D. 商用客车

59. 根据车船税法律制度的规定，下列车船中，不属于车船税免税项目的是（　　）。

A. 养殖渔船　　B. 商用货车　　C. 警用车船　　D. 捕捞渔船

多选题

1. 根据房产税法律制度的规定，下列房产中，属于房产税征税范围的有（　　）。

A. 位于县城的企业生产用房屋　　B. 市区的室内游泳池

C. 农村的菜窖　　D. 市郊公园中的饭店

2. 根据房产税法律制度的规定，下列房产中，不属于房产税免税项目的是（　　）。

A. 个人出租的住房　　B. 军队自用的房产

C. 高校学生公寓　　D. 宗教寺庙自用的房产

3. 根据房产税法律制度的规定，下列有关房产税计税依据的表述中，正确的有（　　）。

A. 融资租赁的房屋，以房产余值计算征收房产税

B. 对附属设备和配套设施中易损坏、需要经常更换的零配件，更新后不再计入房产原值

C. 纳税人对原有房屋进行改建、扩建的，要相应增加房屋的原值

D. 对更换房屋附属设备和配套设施的，在将其价值计入房产原值时，不得扣减原来相应设备和设施的价值

4. 根据房产税法律制度的规定，下列各项中，不符合房产税纳税义务发生时间规定的有（　　）。

A. 纳税人将原有房产用于生产经营，从生产经营之次月起，缴纳房产税

B. 纳税人自行新建房屋用于生产经营，从建成之次月起，缴纳房产税

C. 纳税人委托施工企业建设的房屋，从办理验收手续之月起，缴纳房产税

D. 纳税人购置新建商品房，自房屋交付使用之次月起，缴纳房产税

5. 根据城镇土地使用税法律制度的规定，关于城镇土地使用税纳税义务发生时间的下列表述中，正确的有（　　）。

A. 纳税人新征用的非耕地，自批准征用当月起缴纳城镇土地使用税

B. 纳税人出租房产，自交付出租房产当月起，缴纳城镇土地使用税

C. 纳税人购置存量房，自房地产权属登记机关签发房屋权属证书之次月起，缴纳城镇土地使用税

D. 纳税人购置新建商品房，自房屋交付使用之次月起，缴纳城镇土地使用税

6. 根据耕地占用税法律制度的规定，下列情形中，应缴纳耕地占用税的有（　　）。

A. 占用草地建设野生动植物保护设施

B. 占用园地建设休闲度假村

C. 占用养殖水面建设水上乐园

D. 占用林地建设木材检疫设施

7. 根据耕地占用税法律制度的规定，下列占用耕地的建设项目中，减征耕地占用税的有（　　）。

A. 经批准建设的国道的主体工程

B. 经批准建设的城区内机动车道

C. 经批准建设的民用机场跑道

D. 经批准建设的港口内供船舶停靠的场所

8. 根据耕地占用税法律制度的规定，下列各项中，免征耕地占用税的有（　　）。

A. 公立学校教学楼占用耕地

B. 厂区内机动车道占用耕地

C. 军事设施占用耕地

D. 医院内职工住房占用耕地

9. 下列各项中，免征契税的有（　　）。

A. 国家机关承受房屋用于办公

B. 纳税人承受荒山土地使用权用于农业生产

C. 军事单位承受土地用于军事设施

D. 城镇居民购买商品房用于居住

10. 下列行为中，需要征收契税的是（　　）。

A. 张某继承父亲的房屋

B. 朱某承受荒山土地使用权用于林业生产

C. 杨某受赠一套房屋

D. 谢某将自有房屋出租

11. 根据契税法律制度的规定，下列选项中，应缴纳契税的有（　　）。

A. 法定继承人通过继承承受房屋权属

B. 夫妻因离婚分割共同财产而变更房屋权属

C. 获奖人员受赠房屋权属

D. 非等价的房屋互换

12. 根据土地增值税法律制度的规定，下列各项中，在计算土地增值税时，应计入房地产开发成本的有（　　）。

A. 公共配套设施费　　B. 建筑安装工程费

C. 取得土地使用权所支付的地价款　　D. 土地征用及拆迁补偿费

13. 2024 年 2 月，甲企业转让 2015 年自建的房产一栋取得收入 2000 万元，该房产购入时的土地成本为 600 万元，房屋重置成本为 300 万元，成新率为 50%，评估价格为 150 万元，缴纳增值税 100 万元，城建税及教育费附加 10 万元，评估费 5 万元，甲企业在计算土地增值税时准予扣除的项目有（　　）。

A. 土地成本 600 万元

B. 重置成本 300 万元

C. 评估价格 150 万元

D. 缴纳的增值税 100 万元及城建税及教育费附加 10 万元

14. 根据土地增值税法律制度的规定，下列情形中，属于税务机关可要求纳税人进行土地增值税清算的有（　　）。

A. 房地产开发项目全部竣工并完成销售的

B. 整体转让未竣工决算房地产开发项目的

C. 纳税人申请注销税务登记但未办理土地增值税清算手续的

D. 取得销售（预售）许可证满 3 年仍未销售完毕的

15. 根据车船税法律制度的规定，下列车船中，以整备质量吨位数为计税依据的有（　　）。

A. 挂车　　B. 商用客车　　C. 机动船舶　　D. 专用作业车

16. 下列各项中，需要缴纳车船税的有（　　）。

A. 拖船　　B. 非机动驳船　　C. 燃料电池车　　D. 摩托车

17. 根据车辆购置税法律制度的规定，下列各项中，属于车辆购置税征收范围的有（　　）。

A. 汽车　　B. 汽车挂车

C. 排气量 125 毫升的摩托车　　　　　　　　D. 有轨电车

18. 下列各项中，免征车辆购置税的有（　　）。

A. 外国驻华使领馆、国际组织驻华机构及其外交人员自用的车辆

B. 设有固定装置的非运输专用作业车辆

C. 城市公交企业购置的公共汽车

D. 购置挂车

19. 赵某于 2023 年 10 月和 2024 年 3 月分别购入新能源汽车 1 辆，2023 年 10 月购入的新能源汽车的不含增值税的价格为 36 万元，2024 年 3 月购入的新能源汽车不含增值税的价格为 42 万元。已知车辆购置税的税率为 10%，下列关于赵某购入新能源汽车应缴纳车辆购置税的计算列式正确的有（　　）。

A.2023 年 10 月购入新能源汽车应缴纳车辆购置税 $= 36 \times 10\% - 3 = 0.6$（万元）

B.2023 年 10 月购入新能源汽车免征车辆购置税

C.2024 年 3 月购入新能源汽车应缴纳车辆购置税 $= 42 \times 10\% - 3 = 1.2$（万元）

D.2024 年 3 月购入新能源汽车免征车辆购置税

20. 根据环境保护税法律制度的规定，下列各项中，属于环境保护税征税范围的有（　　）。

A. 工业噪声　　B. 固体废物　　C. 大气污染物　　D. 水污染物

21. 下列关于环境保护税征收管理的说法中，正确的有（　　）。

A. 纳税义务发生时间为排放应税污染物的当日

B. 纳税人应当按月申报缴纳

C. 不能按固定期限计算缴纳的，可以按次申报缴纳

D. 纳税人应当向企业注册登记地税务机关申报缴纳

22. 下列各项中，属于关税纳税人的有（　　）。

A. 进口货物的收货人　　　　　　　　B. 进口货物的代理人

C. 出口货物的发货人　　　　　　　　D. 个人邮递物品的发件人

23. 根据关税法律制度的规定，下列进口货物中，实行复合计征关税的有（　　）。

A. 原油　　B. 广播用摄像机　　C. 广播用放像机　　D. 啤酒

24. 下列关于城市维护建设税的说法中，正确的有（　　）。

A. 由受托方代征、代扣增值税、消费税的单位和个人，其代征、代扣的城市维护建设税适用受托方所在地的税率

B. 对进口货物缴纳的增值税、消费税税额，不征收城市维护建设税

C. 对出口产品退还增值税、消费税的，应同时退还已缴纳的城市维护建设税

D. 对增值税、消费税实行先征后返、先征后退、即征即退办法的，应同时退还已缴纳的城市维护建设税

25. 根据资源税法律制度的规定，下列情形中，应征收资源税的有（　　）。

A. 油田销售自采的原油　　B. 贸易公司进口铜矿石

C. 加油站销售购进的柴油　　D. 矿山销售自采的原煤

26. 下列各项中免缴纳资源税的有（　　）。

A. 进口的原油

B. 销售开采的原油

C. 在油田范围内运输原油过程中用于加热的天然气

D. 在油田范围内运输原油过程中用于加热的原油

27. 根据印花税法律制度的规定，下列合同和凭证中，免征印花税的有（　　）。

A. 武警部队订立的应税凭证

B. 保管合同

C. 农民销售自产农产品订立的农业保险合同

D. 财产保险合同

判断题

1. 房地产开发企业建造的商品房，出售前已使用或出租、出借的，不缴纳房产税。

2. 对以房产投资联营、投资者参与利润分红、共担风险的，以房产余值作为计税依据计缴房产税。

3. 甲公司委托施工企业建设一栋办公楼，从该办公楼建成之次月起，缴纳房产税。

4. 房地产开发企业建造的商品房，出售前，一律不征收房产税。

5. 产权未确定以及租典纠纷未解决的房屋，暂不征收房产税。

6. 土地使用权未确定或权属纠纷未解决的，暂不缴纳城镇土地使用税。

7. 经批准新征用的耕地，城镇土地使用税纳税义务发生时间为批准征用的次月。

8. 纳税人出租房产，应自交付出租房产之月起缴纳城镇土地使用税。

9. 城镇土地使用税可按月计算，一次性缴纳。

10. 纳税人购置新建商品房，自房屋交付使用当月缴纳城镇土地使用税。

11. 甲企业承受李某作价投资（入股）的房屋权属，不缴纳契税。

12. 国有土地使用权出让不属于契税征税范围。

13. 土地承包经营权的转让不缴纳契税。

14. 李某的住房在地震中灭失，在他重新购买住房时，税务机关可酌情准予减征或者免征契税。

15. 纳税人隐瞒、虚报房地产成交价格的，按照房产的购置原价计算征收土地增值税。

16. 双方合作建商品房，建成后转让的，应征收土地增值税。

17. 张某因父亲死亡继承其房屋，该行为应缴纳土地增值税。

18. 纳税人隐瞒、虚报房地产成交价格的，按照房产的购置原价计算征收土地增值税。

19. 房地产开发项目中同时包含普通住宅和非普通住宅的，应分别计算土地增值税的税额。

20. 房地产开发企业取得房地产销售许可证满 3 年仍未销售完毕的，主管税务机关可要求纳税人进行土地增值税清算。

21. 甲钢铁厂拥有的依法不需要在车船登记部门登记的在单位内部场所行驶的机动车辆，属于车船税的征税范围。

22. 扣缴义务人代收代缴车船税的，纳税地点为扣缴义务人所在地。（ ）

23. 纯电动商用车免征车船税。

24. 赵某 2022 年 4 月 1 日购入一辆小汽车自用，5 月 30 日申报并缴纳车辆购置税 10 万元。由于车辆制动系统存在严重问题，2023 年 4 月 30 日赵某将该车退回，则赵某可以申请退还的车辆购置税为 9 万元。

25. 甲公司进口汽车自用，应在进口环节向海关申报缴纳车辆购置税。

26. 民航客机飞行中排放燃料废气等应税污染物的，暂予免征环境保护税。

27. 大气污染物和水污染物按照污染范围计征环境保护税。

28. 环境保护税的纳税义务发生时间为纳税人排放应税污染物的当日。

29. 租赁方式进境的货物，以海关审查确定的货物租金作为关税完税价格。

30. 对从境外采购进口的原产于中国境内的货物不征收进口关税。

31. 进口货物适用的关税税率是以进口货物进口地为标准的。

32. 在进口货物成交过程中，卖方付给进口人的正常回扣，在计算进口货物完税价格时不得从成交价格中扣除。

33. 因故退还的中国出口货物，应征收进口关税。

34. 纳税人在油田范围内运输原油过程中用于加热的自采原油，免征资源税。

35. 海盐属于资源税征税范围。

36. 煤炭开采企业应当在煤炭的开采地缴纳资源税。

37. 财产所有人将财产赠给政府所立的书据免征印花税。

第八章　税务管理

学情解密

学习指南

税务管理在税收征收管理（以下简称“征收征管”）中的重要性主要体现在其作为征收征管的重要内容，是税款征收的前提和基础性工作。税务管理包括税务登记、账簿和凭证管理、纳税申报等方面的管理，征收征管是税务管理的核心环节。征收征管确保了税收政策法规的贯彻执行，协调了征税关系，保证了税收职能的实现。通过本章的学习，全面了解征收征管中的税务登记管理、纳税申报管理、征收征管等相关规定。

知识框架

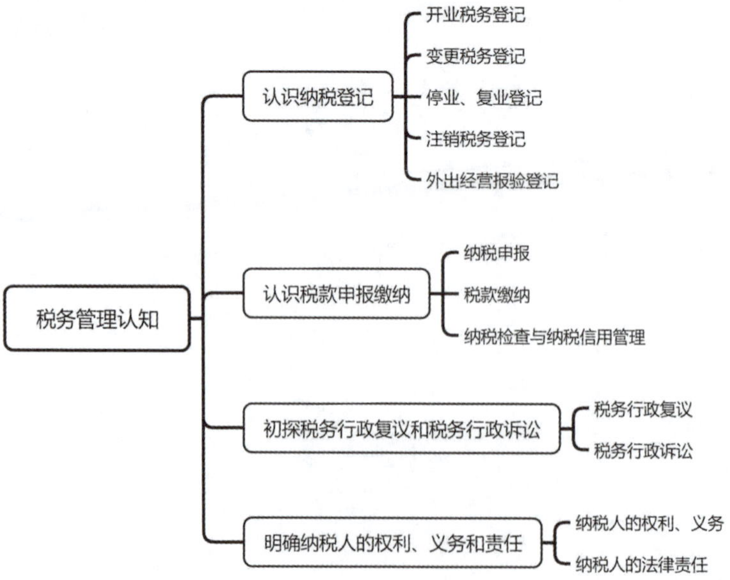

学习目标

◆ 知识目标

1. 记住纳税人纳税登记流程；
2. 识别纳税申报的方式；
3. 辨别纳税信用等级；
4. 区分税务行政复议和税务行政诉讼的差别；
5. 明确纳税人的权利和义务。

◆ 情感目标

1. 树立纳税人诚信自律的意识；
2. 树立纳税人法律意识，知法、懂法、守法，维护纳税人。

温馨提示

1.《中华人民共和国税收征收管理法》属于我国税法体系中的程序法范畴，与实体法各个税种章节有着截然不同的特点。本章内容繁杂零散，集中了大量时间性、程序性的规定，偏重知识记忆，建议结合政策文字内容、票证样板、业务流程，在理解的基础上进行记忆，为学生学习减轻一定程度的负担。

2. 税收征管工作流程和方式发生了很多变化，但由于我国的税收征收管理法尚未修订完成，法律政策表述产生歧义的问题有待新一轮国家税收征管体制改革完成后，《中华人民共和国税收征收管理法》进行修订完善来进一步明确。

知识要点与例题

要点 1：纳税主体的权利和义务

1. 权利

（1）知情权；

（2）要求保密权；

（3）依法享受税收优惠权；

（4）申请退还多缴税款权；

（5）申请延期申报权；

（6）纳税申报方式选择权；

（7）申请延期缴纳税款权；

（8）索取有关税收凭证权；

（9）委托税务代理权；

（10）陈述权、申辩权；

（11）对未出示税务检查证和税务检查通知书的拒绝检查权；

（12）依法要求听证权；

（13）税收法律救济权；

（14）税收监督权；

2. 义务

（1）按期办理税务登记，及时核定应纳税种、税目的义务；

（2）依法设置账簿、保管账簿和有关资料以及依法开具、使用、取得和保管发票的义务；

（3）财务会计制度和会计核算软件备案的义务；

（4）按照规定安装、使用税控装置的义务；

（5）按期、如实办理纳税申报的义务；

（6）按期缴纳或解缴税款的义务；

（7）接受税务检查的义务；

（8）代扣、代收税款的义务；

（9）及时提供信息的义务，如纳税人有歇业、经营情况变化、遭受各种灾害等特殊情况的，应当及时向征税机关说明等；

（10）报告其他涉税信息的义务，如企业合并、分立的报告义务等。

【例题】

【单选题】下列属于纳税主体权利的是（　　）。

A. 税收代位权　　B. 核定税款权　　C. 委托税务代理权　　D. 委托代征权

【正确答案】C

【答案解析】选项 ABD：属于征税主体的职权。

要点 2：办理税务登记的申请人

应当办理税务登记的申请人：

（1）生产经营纳税人；

（2）非生产经营纳税人；

（3）扣缴义务人。

【例题】

【单选题】根据税收征收管理法律制度的规定，下列主体中，可以不办理税务登记的是（　　）。

A. 企业的分支机构　　B. 无固定生产经营场所的流动性农村小商贩

C. 公益性社会团体　　D. 公立大学

【正确答案】B

【答案解析】国家机关、个人和无固定生产经营场所的流动性农村小商贩，可以不办理税务登记。

要点 3：账簿和凭证管理

1. 账簿设置要求

（1）纳税人自领取营业执照或者发生纳税义务之日起 15 日内，按照国家有关规定设置账簿；

（2）规模小确无建账能力的纳税人可聘请会计代理记账业务的专业机构或者财会人员代为建账和办理账务；

（3）扣缴义务人自扣缴义务发生之日起 10 日内，分别设置代扣代缴、代收代缴税款账簿。

2. 备案制度

（1）从事生产、经营的纳税人自领取税务登记证件之日起 15 日内备案；

（2）使用计算机记账的在使用前备案；

（3）涉税资料应保存 10 年。

【例题】

【单选题】根据税收征收管理法律制度的规定，从事生产、经营的纳税人应当自领取营业执照或者发生纳税义务之日起一定期限内，按照国家有关规定设置账簿。该期限为（　　）。

A. 20 日　　B. 15 日　　C. 60 日　　D. 30 日

【正确答案】B

【答案解析】从事生产、经营的纳税人应当自领取营业执照或者发生纳税义务之日起 15 日内，按照国家有关规定设置账簿。

三 要点 4：发票的使用和保管

1. 任何单位和个人应当按照发票管理规定使用发票，不得有下列行为：

（1）转借、转让、介绍他人转让发票、发票监制章和发票防伪专用品；

（2）知道或者应当知道是私自印制、伪造、变造、非法取得或者废止的发票而受让、开具、存放、携带、邮寄、运输；

（3）拆本使用发票；

（4）扩大发票使用范围；

（5）以其他凭证代替发票使用；

（6）窃取、截留、篡改、出售、泄露发票数据。

2. 保管要求

已经开具的发票存根联和发票登记簿，应当保存 5 年。

【例题】

【多选题】根据税收征收管理法律制度的规定，下列关于发票开具和保管的表述中，正确的有（　　）。

A. 不得为他人开具与实际经营业务不符的发票

B. 已经开具的发票存根联和发票登记簿应当保存 3 年

C. 取得发票时，不得要求变更品名和金额

D. 开具发票的单位和个人应当建立发票使用登记制度，设置发票登记簿

【正确答案】ACD

【答案解析】选项 B，已经开具的发票存根联和发票登记簿应当保存 5 年。

三 要点 5：纳税申报管理

1. 申报方式

（1）自行申报：传统申报方式。

（2）邮寄申报：以寄出的邮戳日期为实际申报日期。

（3）数据电文申报：以税务机关计算机网络系统收到该数据电文的时间为实际申报日期。

2. 纳税申报的基本要求

（1）无税及减免税期间：应当按照规定办理纳税申报。

（2）破产期间：如发生应税情形，应按规定申报纳税。从人民法院指定管理人之日起，管理人可以按规定以企业名义办理纳税申报等涉税事宜。

（3）简并税费申报：纳税人申报缴纳城镇土地使用税、房产税、车船税、印花税、耕地占用税、资源税、土地增值税、契税、环境保护税、烟叶税中一个或多个税种时，使用《财产和行为税纳税申报表》。

【例题】

【多选题】根据税收征收管理法律制度的规定，下列纳税申报方式中，符合法律规定的有（　　）。

A. 甲企业在规定的申报期限内，自行到主管税务机关指定的办税服务大厅申报

B. 经税务机关批准，丙企业以网络传输方式申报

C. 经税务机关批准，乙企业使用统一的纳税申报专用信封，通过邮局交寄

D. 实行定期定额缴纳税款的丁个体工商户，采用简易申报方式申报

【正确答案】ABCD

【答案解析】以上表述均符合法律规定。

【多选题】根据税收征收管理法律制度的规定，纳税人申报缴纳下列税种时，使用《财产和行为税纳税申报表》的有（　　）。

A. 车船税　　B. 烟叶税　　C. 环境保护税　　D. 车辆购置税

【正确答案】ABC

【答案解析】纳税人申报缴纳城镇土地使用税、房产税、车船税、印花税、耕地占用税、资源税、土地增值税、契税、环境保护税、烟叶税中一个或多个税种时，使用《财产和行为税纳税申报表》。

强化训练

单选题

1. 下列各项中，不属于征税主体税款征收权的是（　　）。

A. 核定税款权　　B. 税收保全和强制执行权

C. 阻止欠税纳税人离境权　　D. 追征税款权

2. 根据税收征收管理法律制度的规定，下列情形中，纳税人应当办理注销税务登记的是（　　）。

A. 纳税人改变生产经营方式的

B. 纳税人改变生产经营范围的

C. 纳税人改变名称的

D. 纳税人改变住所和经营地点涉及改变税务登记机关的

3. 根据税收征收管理法律制度的规定，从事生产、经营的纳税人应当自领取营业执照或者发生纳税义务之日起一定期限内，按照国家有关规定设置账簿。该期限为（　　）日。

A. 20　　B. 15　　C. 60　　D. 30

4. 扣缴义务人应当自税收法律、行政法规规定的扣缴义务发生之日起（　　）日内，按照所代扣、代收的税种，分别设置代扣代缴、代收代缴税款账簿。

A. 7　　B. 10　　C. 15　　D. 30

5. 下列关于纳税申报的表述中，不正确的是（　　）。

A. 纳税申报包括直接申报、邮寄申报、数据电文申报等方式

B. 采用邮寄申报方式的以税务机关收到申报资料的日期为实际申报日期

C. 采用数据电文申报的以税务机关的计算机网络收到该数据电文的时间为申报日期

D. 纳税人在纳税期内没有应纳税款也应当办理纳税申报

6. 根据税收征收管理法律制度的规定，下列关于账簿和凭证管理的说法中不正确的是（　　）。

A. 从事生产、经营的纳税人应当自领取营业执照或者发生纳税义务之日起 15 日内，按规定设置账簿

B. 生产、经营规模小又确无建账能力的纳税人，可以聘请经批准从事会计代理记账业务的专业机构代为建账和办理账务

C. 纳税人使用计算机记账的，无须向主管税务机关备案

D. 账簿、记账凭证、报表、完税凭证、发票、出口凭证以及其他有关涉税资料应当保存10年

7. 受托单位按照税务机关核发的代征证书的要求，以税务机关的名义向纳税人征收零散税款的税款征收方式是（　　）。

A. 定期定额征收　　B. 委托代征　　C. 代扣代缴　　D. 查验征收

8. 根据税收征收管理法律制度的规定，下列关于发票的说法，错误的是（　　）。

A. 发票的种类、联次和内容以及使用范围由省级税务机关规定

B. 发票的基本联次包括存根联、发票联、记账联

C. 发票包括纸质发票和电子发票，电子发票与纸质发票具有同等法律效力

D. 用票单位可以书面向税务机关要求使用印有本单位名称的发票，税务机关依法确认印有该单位名称发票的种类和数量

9. 纳税人与其关联企业未按照独立企业之间的业务往来支付价款、费用的，税务机关自该业务往来发生的纳税年度起一定期限内进行调整，该期限是（　　）年。

A. 1　　B. 3　　C. 5　　D. 10

10. 根据税收征收管理法律制度的规定，下列各项中，应由付款方向收款方开具发票的是（　　）。

A. 百货公司向甲公司销售办公用品

B. 超市向张某收购一批大米

C. 矿泉水公司向乙个人独资企业销售办公用水

D. 商场向丙厂销售办公用打印机

11. 根据税收征收管理法律制度的规定，下列关于税款缴纳的说法中正确的是（　　）。

A. 纳税人因有"特殊困难"，不能按期缴纳税款的，经县级以上税务局（分局）批准，可以延期缴纳税款

B. 纳税人申请延期缴纳税款的，最长不得超过6个月

C. 当期货币资金在扣除应付职工工资、社会保险费后，不足以缴纳税款的纳税人可以申请延期缴纳

D. 纳税人申请延期缴纳税款的税务机关应当自收到申请之日起30日内作出决定

12. 根据税收征收管理法律制度的规定，关于发票开具、使用和保管的下列表述中，正确的是（　　）。

A. 销售货物开具发票时，可按付款方要求变更品名和金额

B. 经单位财务负责人批准后，可拆本使用发票

C. 纸质发票领用单位可以跨县开具

D. 不符合规定的发票，不得作为财务报销凭证，任何单位和个人有权拒收

13. 甲公司是执行按月纳税的增值税纳税人，按规定应于每月 15 日前申报并缴纳上月税款，至 2024 年 9 月 15 日甲公司均未办理纳税申报，税务机关向其下达责令限期改正通知书，要求甲公司于 9 月 20 日前办理纳税申报，至限期满甲公司仍未申报，则税务机关应当（　　）。

A. 责令甲公司提供纳税担保　　B. 核定甲公司应纳税额

C. 对甲公司进行税收保全　　D. 对甲公司执行税收强制执行

14. 根据税收征收管理法律制度的规定，开具发票的单位和个人应当依照国家有关的规定存放和保管发票，已经开具的发票存根联应当至少保存一定期限。该期限为（　　）年。

A. 10　　B. 5　　C. 3　　D. 1

15. 2024 年 8 月税务机关通过调查，发现某饭店的纳税申报表上有弄虚作假的情形，则税务机关可以采取的税款征收措施是（　　）。

A. 核定其应纳税额　　B. 责令其缴纳税款

C. 责令提供纳税担保　　D. 采取税收保全措施

16. 根据税收征收管理法律制度的规定，下列关于纳税申报方式的表述中，不正确的是（　　）。

A. 邮寄申报以税务机关收到的日期为实际申报日期

B. 数据电文方式的申报日期以税务机关计算机网络系统收到该数据电文的时间为准

C. 实行定期定额缴纳税款的纳税人，可以实行简易申报、简并征期等方式申报纳税

D. 自行申报是指纳税人、扣缴义务人按照规定的期限自行直接到主管税务机关指定的办税服务场所办理纳税申报手续

17. 2024 年 8 月税务机关通过调查，发现某饭店的纳税申报表上有弄虚作假的情形，遂责令其在 15 日内缴纳本月应纳税款，在此期间税务机关接到举报，某饭店正在转让店面并已将银行存款账户注销。根据税收征收管理法律制度的规定，税务机关有权对该饭店采取的税款征收措施是（　　）。

A. 核定其应纳税额　　B. 责令提供纳税担保

C. 采取税收保全措施　　D. 税务人员到饭店直接征收税款

18. 根据现行税收征收管理法律制度的规定，增值税与下列（　　）申报表整合。

A. 城市维护建设税　　B. 车船税　　C. 环境保护税　　D. 资源税

19. 税务机关责令某饭店提供纳税担保，该饭店明确表示拒绝，则税务机关可以采取的税款征收措施是（　　）。

A. 核定其应纳税额　　B. 采取税收保全措施

C. 采取税收强制执行措施　　D. 税务人员到饭店直接征收税款

20. 甲公司应于 5 月 30 日前完成上年度企业所得税汇算清缴，但其一直未缴纳税款，税务机关向其发出责令限期缴纳通知书，要求其于 6 月 20 日前补缴上年度所得税税款及滞纳金共计 68 万元。至限期满，甲公司仍未缴纳，则税务机关可以采取的税款征收措施是（　　）。

A. 核定甲公司应纳税额　　B. 采取税收保全措施

C. 采取税收强制执行措施　　D. 对甲公司处以罚款

21. 欠缴税款的甲公司的法定代表人赵某，准备去韩国做整容手术，在出境前该公司尚未按规定结清应纳税款、滞纳金，则税务机关的下列做法中，正确的是（　　）。

A. 核定甲公司应纳税额　　B. 责令甲公司提供纳税担保

C. 直接阻止赵某出境　　D. 通知出境管理机关阻止赵某出境

22. 根据税收征收管理法律制度的规定，下列关于纳税抵押与纳税质押的说法中，正确的是（　　）。

A. 纳税人办理纳税抵押的财产，应当移交给税务机关占有

B. 纳税抵押自税务机关在纳税担保财产清单上签字盖章之日起生效

C. 房屋建筑物可以作为纳税质押的财产

D. 税务机关应当自纳税人缴清税款及滞纳金之日起 3 个工作日内返还质物

23. 根据税收征收管理法律制度的规定，下列关于纳税退还的说法中，不正确的是（　　）。

A. 纳税人超过应纳税额缴纳的税款，税务机关发现后，应当自发现之日起 10 日内办理退还手续

B. 纳税人自结算缴纳税款之日起 3 年内发现多缴税款的，可以向税务机关要求退还多缴的税款并加算利息

C. 税务机关依法退还纳税人出口退税款的，纳税人可以要求加算利息

D. 退税利息按照税务机关办理退税手续当天中国人民银行规定的活期存款利率计算

24. 下列各项中，不属于重大税收违法失信案件的是（　　）。

A. 纳税人经税务机关通知申报而拒不申报不缴应纳税款 100 万元以上且占当年各税种应纳税总额 10%以上

B. 纳税人采取转移财产妨碍税务机关追缴欠缴的税款金额 5 万元以上

C. 虚开增值税专用发票

D. 虚开普通发票金额 400 万元以上

25. 重大税收违法失信案件失信主体信息自公布之日起满一定期限的，税务机关在一定期限内停止信息公布。该期限是（　　）。

A.3 年，5 个工作日　　B.5 年，3 个工作日

C.3 年，3 个工作日　　D.5 年，5 个工作日

26. 邹某因税收违法行为被 M 市 L 县税务局处以罚款，又因逾期不缴纳罚款被加处罚款，邹某对已处罚款和加处罚款都不服，欲申请行政复议。下列关于邹某行政复议申请的表述中，正确的是（　　）。

A. 应当一并向 M 市税务局申请行政复议

B. 应当就罚款决定和加处罚款决定分别向 L 县税务局和 M 市税务局申请行政复议

C. 应当就罚款决定和加处罚款决定分别向 M 市税务局和 L 县税务局申请行政复议

D. 应当一并向 L 县税务局申请行政复议

27. 根据税收征收管理法律制度的规定，纳税人对税务机关的下列行政行为不服，应当先申请行政复议，对复议决定不服，才可再次提起行政诉讼的是（　　）。

A. 没收违法所得　　B. 加收滞纳金

C. 罚款　　D. 不依法履行行政赔偿义务

多选题

1. 根据税收征收管理法律制度的规定，下列各项中属于税务机关税务检查职责范围的有（　　）。

A. 责成纳税人提供与纳税有关的资料

B. 可按规定的批准期限采取税收保全措施

C. 询问纳税人与纳税有关的问题和情况

D. 检查纳税人的账簿、记账凭证和报表

2. 根据税收征收管理法律制度的规定，下列各项中，属于纳税主体权利的有（　　）。

A. 委托代征权　　B. 税收监督权　　C. 代位权　　D. 知情权

3. 下列情形中，赵某作为税务人员应当回避的有（　　）。

A. 为甲公司核定应纳税额，经查甲公司的法定代表人是赵某的妻子

B. 到乙公司进行税务检查，经查乙公司的法定代表人是赵某的舅舅

C. 为丙公司办理税务登记，经查丙公司的法定代表人是赵某的亲弟弟

D. 对丁公司作出罚款的税务行政处罚，经查丁公司法定代表人是赵某好朋友的儿子

4. 根据税收征收管理法律制度的规定，下列各项中，属于征税主体职权的有（　　）。

A. 税务管理权　　B. 核定税款权

C. 税务检查权　　D. 税收法律救济权

5. 根据税收征收管理法律制度的规定，下列选项中无须办理税务登记的有（　　）。

A. 国家税务总局

B. 只缴纳个人所得税的公民赵某

C. 国有企业

D. 残疾人开办的生产残疾人用品的企业

6. 根据税收征收管理法律制度的规定，下列各项中，属于纳税主体义务的有（　　）。

A. 接受税务检查

B. 按期缴纳税款

C. 备案财务会计制度和会计核算软件

D. 建立、健全内部制约和监督管理制度

7. 根据税收征收管理法律制度的规定，下列关于非正常户的认定，说法正确的有（　　）。

A. 纳税人未按照规定的期限进行纳税申报，税务机关应当停止向其发售发票

B. 纳税人连续 3 个月所有税种均未进行纳税申报的，税收征管系统自动将其认定为非正常户，并停止其发票领购簿和发票的使用

C. 对欠税的非正常户，税务机关依法追征税款及滞纳金

D. 已认定为非正常户的纳税人接受处罚、缴纳罚款、补办纳税申报后可以向税务机关申请解除非正常户的认定

8. 根据税收征收管理法律制度的规定，下列各项中，属于征税主体职责的有（　　）。

A. 宣传税收法律、行政法规，普及纳税知识

B. 税务人员不得索贿受贿、不得滥用职权

C. 税务人员核定应纳税额时应遵守回避制度

D. 依法为纳税人的税收违法行为保密

9. 根据发票管理法律制度的规定，纳税人应当按照发票管理规定使用发票，下列各项中，纳税人不得进行的有（　　）。

A. 扩大发票使用范围　　B. 拆本使用发票

C. 转借、转让发票　　　　　　　　　　　D. 以其他凭证代替发票使用

10. 根据税收征收管理法律制度的规定，下列主体中，应办理税务登记的有（　　）。

A. 公立幼儿园

B. 无固定生产经营场所的流动性农村小商贩

C. 国家机关

D. 企业的分支机构

11. 根据发票管理法律制度的规定，下列关于发票开具和保管的表述中，符合法律规定的有（　　）。

A. 不得为他人开具与实际经营业务不符的发票

B. 已经开具的发票存根联应当保存 3 年

C. 取得发票时，不得要求变更品名和金额

D. 开具发票的单位和个人应当建立发票使用登记制度，配合税务机关进行身份验证，并定期向主管税务机关报告发票使用情况

12. 根据税收征收管理法律制度的规定，下列情形中的纳税人办理注销税务登记，税务机关应即时出具清税文书的有（　　）。

A. 符合市场监管部门简易注销条件申请简易注销的纳税人，未办理过涉税事宜或办理过涉税事宜但未领用发票（含代开发票）、无欠税（滞纳金）及罚款且没有其他未办结涉税事项的

B. 符合容缺即时办理条件的纳税人，在办理税务注销时，资料不齐，但做出承诺的

C. 经人民法院裁定宣告破产的纳税人，持人民法院终结破产程序裁定书向税务机关申请税务注销的

D. 经人民法院裁定强制清算的市场主体，持人民法院终结强制清算程序的裁定申请税务注销的

13. 下列关于税务机关核定应纳税额的方法中，说法正确的有（　　）。

A. 参照当地类似行业中经营规模和收入水平相近的纳税人的税负水平核定

B. 按照营业收入加利润的方法核定

C. 按照耗用的原材料、燃料、动力等推算或者测算核定

D. 按照成本加费用的方法核定

14. 根据税收征收管理法律制度的规定，下列行为属于发票使用中禁止行为的有（　　）。

A. 转借、转让、介绍他人转让发票、发票监制章和发票防伪专用品

B. 窃取、截留、篡改、出售、泄露发票数据

C. 拆本使用发票

D. 扩大发票使用范围

15. 下列各项中，适用纳税担保的情形有（　　）。

A. 纳税人同税务机关在纳税上发生争议而未缴清税款，需要申请行政复议的

B. 纳税人在税务机关责令缴纳应纳税款限期内，有明显转移、隐匿其应纳税的商品、货物以及应纳税收入的迹象的

C. 欠缴税款、滞纳金的纳税人或者其法定代表人需要出境的

D. 从事生产、经营的纳税人未按规定期限缴纳税款，税务机关责令限期缴纳，逾期仍未缴纳的

16. 根据税收征收管理法律制度的规定，下列关于税务机关进行发票检查的说法，正确的有（　　）。

A. 有权检查保管发票的情况

B. 有权调出发票查验

C. 有权向当事各方询问与发票有关的问题与情况

D. 有权查阅与发票有关的凭证、资料，但无权复制

17. 甲公司欠缴国家税款无力缴纳，税务机关拟对其唯一的办公楼进行强制执行，经查甲公司欠乙公司货款 100 万元，未提供任何担保；欠丙银行贷款 500 万元，以该房产设定抵押担保并已经登记；因出售假冒伪劣商品行为被市场监督管理局处以罚款和没收违法所得。已知甲公司的上述行为均发生在欠税之前。则下列说法中正确的有（　　）。

A. 甲公司的税款优先于乙公司的货款债权

B. 甲公司的税款优先于丙银行的贷款债权

C. 甲公司的税款优先于市场监督管理局的罚款

D. 甲公司的税款优先于市场监督管理局的没收违法所得

18. 根据税收征收管理法律制度的规定，下列关于纳税申报的表述中，正确的有（　　）。

A. 纳税人享受免税待遇的，在免税期间，不需要办理纳税申报

B. 纳税人因不可抗力不能按期办理纳税申报，可以延期办理

C. 纳税人在纳税期内没有应纳税款的，不需要办理纳税申报

D. 纳税人在破产程序中如发生应税情形，应按规定申报纳税

19. 根据税收征收管理法律制度的规定，下列各项中，属于税收保全措施的有（　　）。

A. 拍卖纳税人的价值相当于应纳税款的财产

B. 扣押纳税人的价值相当于应纳税款的商品

C. 责令纳税人提供纳税担保

D. 书面通知纳税人开户银行冻结纳税人的金额相当于应纳税款的存款

20. 根据税收征收管理法律制度的规定，下列各项中，可以适用税收保全的财产有（　　）。

A. 金银首饰　　B. 古玩字画　　C. 豪华住宅　　D. 小汽车

21. 根据税收征收管理法律制度的规定，纳税人申报缴纳下列税种时，使用《财产和行为税纳税申报表》的有（　　）。

A. 契税　　B. 资源税　　C. 城市维护建设税　　D. 耕地占用税

22. 根据税收征收管理法律制度的规定，下列关于纳税信用评价的说法中，正确的有（　　）。

A. 纳税信用评价年度评价指标得分采取加分方式

B. 纳税人近三个评价年度内没有非经常性指标信息的，从 80 分起评

C. 纳税人纳税信用管理时间不满一个评价年度的不参与本期评价

D. 纳税信用评价可以采取直接判级方式

23. 根据税收征收管理法律制度的规定，下列各项中，属于举报中心对接收的检举事项不予受理的情形的有（　　）。

A. 无法确定被检举对象

B. 不能提供被检举对象税收违法行为线索

C. 检举事项依法应当通过税务行政复议途径解决

D. 对已经查结的同一检举事项再次检举，并提供新的有效线索

24. 下列关于税务行政复议管辖的表述中，正确的有（　　）。

A. 对各级税务局的具体行政行为不服的，向其上一级税务局申请行政复议

B. 对各级税务局的稽查局的具体行政行为不服的，向其所属税务局申请行政复议

C. 对国家税务总局的具体行政行为不服的，向国家税务总局申请行政复议

D. 对各级税务局的具体行政行为不服的，可以向该税务局的本级人民政府申请行政复议

25. 下列关于税务行政复议的说法中，正确的有（　　）。

A. 公民可以自知道税务机关作出的具体行政行为之日起 60 日内提出行政复议申请

B. 行政复议机关应当自受理申请之日起 60 日内作出行政复议决定

C. 情况复杂，不能在规定期限内作出行政复议决定的，经批准可以适当延长，但延长期限最多不得超过 60 日

D. 行政复议决定书一经作出即发生法律效力

判断题

1. 税务机关行使交通邮政检查权时，可以到车站、码头、机场检查旅客自带的行李物品。

2. 我国同外国缔结的有关税收的条约、协定同《征管法》有不同规定的，依照《征管法》的规定办理。

3. 税务人员到甲公司进行税务检查时，未出示税务检查证和税务检查通知书的，甲公司有权拒绝检查。

4. 根据税收征收管理法律制度的规定，按期、如实办理纳税申报是纳税主体的义务。

5. 企业在外地设立从事生产、经营的场所不需要办理税务登记。

6. 纳税人负有纳税申报义务，但连续 3 个月所有税种均未进行纳税申报的，税收征管系统自动将其认定为非正常户，并停止其发票领用簿和发票的使用。

7. 纳税人享受免税待遇的，在免税期间不需要办理纳税申报。

8. 从事生产、经营的纳税人应当自领取税务登记证件之日起 15 日内，将其财务、会计制度或者财务、会计处理办法报送主管税务机关备案。

9. 查验征收适用于生产经营规模较小、产品零星、税源分散、会计账册不健全，但能控制原材料或进销货的小型厂矿和作坊。

10. 国务院统一负责全国的发票管理工作。

11. 对欠税行为人，税务机关可责令其先行缴纳欠税，再依法缴纳滞纳金。

12. 税务机关无权检查空白发票。

13. 甲公司欠缴税款、滞纳金 500 万元，因经营方向改变，拟出售其办公楼，在办公楼出售前，甲公司应当向税务机关报告。

14. 临时到本省、自治区、直辖市以外从事经营活动的单位或者个人，应当向机构所在地税务机关领用发票。

15. 税务机关应当在作出确定失信主体决定后向当事人送达告知文书，告知其依法享有陈述、申辩的权利。

16. 发票的种类、联次、内容、编码规则、数据标准、使用范围等具体管理办法由人民政府规定。

17. 发票包括纸质发票和电子发票，电子发票与纸质发票具有同等法律效力。

18. 申请人申请行政复议应当书面申请。

19. 经核准延期办理纳税申报的，纳税人在纳税期内无须缴纳税款，只需要在核准的延期内办理税款结算即可。